UNE CHASSE
AU TRÉSOR

BIOGRAPHIE

Petite fille, Lucy Daniels aimait beaucoup lire, et rêvait d'être écrivain. Aujourd'hui, elle vit à Londres avec sa famille et ses deux chats, Peter et Benjamin. Originaire de la région du Yorkshire, elle a toujours aimé la nature et les animaux, et s'échappe à la campagne dès qu'elle le peut.

ILLUSTRATIONS INTÉRIEURES : DAPHNÉ COLLIGNON

L'auteur remercie Lisa Tuttle.
Titre original :
Riding the Storm
Dolphin Diaries est une marque de Working Partners
Limited, utilisée sous licence

Publié pour la première fois par Hodder Children's Books, Londres

Loi n°49-956 du 16 juillet 1949 sur les publications destinées à la jeunesse
Dépôt légal : juin 2002
ISBN : 2 747 004 79 1

SPÉCIAL DAUPHINS

S.O.S. ANIMAUX

UNE CHASSE AU TRÉSOR

LUCY DANIELS

TRADUIT DE L'ANGLAIS
PAR VÉRONIQUE FLEURQUIN

QUATRIÈME ÉDITION

BAYARD JEUNESSE

L'ÉQUIPAGE DE l'*ÉTOILE BLEUE*

Jessica McGrath a douze ans, et une grande passion : les dauphins. Elle tient un journal de bord, auquel elle confie ses pensées les plus secrètes.

Gina et **Craig McGrath**, les parents de Jessica, sont océanographes. Ils ont décidé de partir avec leurs enfants pour une expédition scientifique d'un an à bord de l'*Étoile bleue*.

Sean et **Jimmy McGrath** sont les frères de Jessica, des jumeaux rouquins. Ils font toujours des bêtises.

Harry Pierce est le capitaine du bateau. Il est divorcé, et doit s'occuper de sa fille Brittany, qui a embarqué, sans que ce soit prévu, à bord de l'*Étoile bleue*.

Brittany Pierce est la fille du capitaine. Elle a treize ans, et un très mauvais caractère. Elle râle tout le temps.

Sam Tucker est le second du capitaine. Il a un petit faible pour Maddie.

Maddie est une jeune étudiante. Elle est l'assistante des McGrath, et également la préceptrice des enfants.

Docteur Jefferson Taylor est un chercheur un peu bizarre. Il a été imposé par la compagnie pétrolière qui a apporté des fonds pour l'expédition.

Mein Lin Zhong est une Chinoise, gracieuse et menue. Elle assure les fonctions de chef cuistot et de mécanicien.

Harry Pierce
Craig McGrath
Gina McGrath
Mein Lin Zhong
Docteur Jefferson Taylor
Jimmy McGrath
Sean McGrath
Sam Tucker
Brittany Pierce
Maddie
Jessica McGrath

1

Le 15 juillet,
en route vers les Bahamas

Depuis une semaine, quel ennui! On n'a croisé que quatre dauphins, des Stenella frontalis, a dit papa. Leur dos tacheté est presque pourpre. Ils semblent aussi joueurs que mon ami Anatole. Mais ils ne sont pas restés longtemps! Dommage... Les jumeaux sont d'une humeur massacrante. Moi non plus, je n'ai pas trop le moral. La vie en mer me pèse; un comble! Lindsay avait promis de m'écrire tous les jours... Pas un seul mail depuis Key West! Je parie que mes amies m'ont déjà oubliée. Elles doivent s'amuser comme des folles, sans moi. J'ai le blues...

Les yeux pleins de larmes, Jessica posa son stylo pour prendre un mouchoir. Elle sursauta en entendant une voix désagréable lancer:
– Qu'est-ce qu'il t'arrive encore?
Plongée dans ses idées noires, elle n'avait pas entendu arriver sa voisine de cabine. Brittany, la fille de Harry Pierce, le capitaine de l'*Étoile bleue*, se planta devant elle, l'air mauvais. Elle n'aurait pas dû participer à l'expédition Planète Cétacés, mais sa mère l'avait laissée tomber au dernier moment. À contrecœur, elle avait embarqué sur le voilier, râleuse et agressive. Personne n'était enchanté de sa présence, même si on avait parfois pitié d'elle.

– Rien, répondit Jessica en dissimulant son journal.
– Tu pleurais. Je t'ai vue. Allez, dis-moi pourquoi !
Brittany, curieuse, s'assit sur la couchette de Jessica.
– J'ai le mal du pays…, murmura Jessica.
– Toi ! Tu rigoles ? Personne ne t'a imposé cette croisière. Je ne vois pas pourquoi tu pleurniches ! En plus, toute ta famille est avec toi. Ce serait plutôt à moi de me plaindre !
Jessica se représenta Lindsay, assise à la place de Brittany. Comme les choses seraient différentes ! À cette pensée, elle sentit revenir les larmes.
– Mes amies me manquent, avoua-t-elle.
L'expression de Brittany s'adoucit :
– À moi aussi ! J'aimerais tellement être à Palm Beach avec elles ! On nagerait dans la piscine, on irait au cinéma… Et puis… maman, surtout, me manque !
Elle se mordit la lèvre pour ne pas pleurer, elle aussi, et ajouta d'une voix tremblante :
– C'est affreux de n'avoir aucune nouvelle !

Je ne sais même pas si elle a reçu mes messages. Je peux utiliser ton ordinateur pour lui envoyer un autre e-mail ? S'il te plaît !

Le cœur de Jessica se serra. Se sentant seule, elle ne comprenait que trop bien le chagrin de Brittany. Si sa mère à elle lui avait fait un coup pareil… Partir à l'étranger, sans dire quand elle reviendrait…

– Je te le prête volontiers, dit-elle gentiment. Mais il faut demander l'autorisation à mes parents. En pleine mer, les liaisons par satellite coûtent une fortune.

Brittany reprit son air revêche.

– Laisse-moi au moins voir si j'ai du courrier. Il y en a pour moins d'une minute. Mon père paiera.

Jessica savait qu'Harry avait plus d'une fois essayé de contacter son ex-femme, par téléphone et par courrier électronique, sans succès.

– Parles-en avec ton père, suggéra-t-elle. Je voulais relever mon courrier hier, mais maman m'a demandé d'attendre qu'on arrive à Port Lucaya. On y sera bientôt…

– Merci bien ! explosa Brittany. On ne peut vraiment pas compter sur toi !

Sur ces mots, elle sortit en trombe de la cabine.

Jessica grimaça. Tout ça n'était pas de sa faute. Quelle injustice de se faire insulter de la sorte ! Du Brittany tout craché... Elle attendit un instant pour ne pas lui donner l'impression qu'elle la suivait. Puis elle se rendit au salon.

Ses parents, Craig et Gina, étudiaient une carte marine avec le capitaine.

– L'*Abeille des mers* devrait se trouver aux abords de Little Bahama, par là, annonça Craig en posant son doigt sur un point de la carte.

– L'*Abeille des mers* ? répéta Jessica.

Sa mère lui sourit en lui entourant l'épaule de son bras :

– Le catamaran de Matt Anderson.

– Le vieux copain de papa ? Celui qui était à l'université avec lui ?

– Exact, confirma Craig. Après avoir obtenu son diplôme, Matt est venu s'installer ici pour poursuivre ses recherches à titre personnel. Depuis plus de douze ans, il étudie les dauphins tachetés de l'Atlantique. C'est un expert !

– Génial ! s'enthousiasma Jessica. J'ai hâte de le rencontrer.

– Tu veux dire que tu as hâte de rencontrer ses protégés, la taquina son père.

– Tu lis dans mes pensées ! rit Jessica. Alors, on le voit quand ?

– Je viens d'avoir un contact radio avec lui. Il m'a indiqué sa position.

– On fait déjà route vers lui, précisa Harry. Je dois vérifier à combien de nœuds on file… Je dirais qu'on en a pour une demi-heure.

– Matt signale que son bateau est cerné par une bande de cétacés fort sympathiques ! ajouta Craig.

– Super ! se réjouit Jessica. Pourvu qu'ils nous attendent ! Je monte sur le pont !

Après des journées d'ennui, elle sentait l'excitation la gagner. Sa mère la retint par le bras :

– Profites-en pour surveiller nos pirates !

En apercevant les jumeaux, Jessica comprit l'allusion de sa mère. Affublé d'une moustache noire, un bandeau sur l'œil, Sean, les poings sur les hanches, se tenait campé en face de Jimmy, coiffé d'un bandana rouge, qui brandissait une épée en carton.

– Tu es bon pour le supplice, mon pote ! hurla-t-il.

Impassible, Sam Tucker, le second, tenait la barre.

– J'espère que ces flibustiers de malheur ne vous importunent pas ! lui lança Jessica.

Le jeune homme lui adressa un clin d'œil :

– Ma foi, c'est l'un des périls auxquels on s'expose en voguant dans les Caraïbes. J'ai vu plus terrifiant !

– Impossible ! se récria Jimmy, vexé. On est les pires forbans de la planète !

Jessica alla s'accouder au bastingage, le plus loin possible des petits diables. Les vagues scintillaient au soleil sous un ciel sans nuage. La brise avait rafraîchi la température caniculaire des derniers jours. La jeune fille scruta le large, en quête de gerbes d'eau indiquant la présence de cétacés en train de jouer.

Une voix guerrière dans son dos la fit sursauter :

– Tu es ma prisonnière !

– Un peu plus de respect, s'il te plaît ! Je suis la reine des pirates. Je viens d'arraisonner ce vaisseau, rétorqua la voix rieuse de Maddie.

Amusée, Jessica se retourna. La jeune femme tenait tête aux jumeaux. Avant de devenir l'assistante de ses parents, Maddie avait été institutrice. Elle savait s'y prendre avec les enfants.

– Les filles ne peuvent pas être des pirates, objecta Sean.

– Ah bon ? Ne me dis pas que tu n'as jamais entendu parler d'Anne Bonney ni de Mary ?

Les jumeaux échangèrent un regard dépité.

– Il y a environ trois cents ans, reprit la jeune fille, Mary Read, Anne Bonney et le mari de celle-ci, le pirate Calico Jack, écumaient ces mers pour attaquer des navires marchands.

– Comment s'appelait leur bateau ?

– Ils enterraient leurs trésors ?
– Où ?
Maddie leva les mains en signe de reddition :
– Descendez au salon, et je vous dirai tout. Pirates ou pas, votre maman estime que vous avez joué assez longtemps au soleil pour les rouquins au teint clair que vous êtes !

2

Après leur départ, Jessica se retourna vers l'océan. L'eau, calme et limpide, laissait entrevoir les fonds de sable blanc. Elle s'imagina, évoluant dans ce paradis aquatique, aussi libre et agile qu'un dauphin sauvage…

Amplifiée par le mégaphone, la voix de son père la tira de sa rêverie :

– Ohé, l'*Abeille des mers* !

Jessica traversa le pont pour rejoindre ses parents. L'*Étoile bleue* approchait d'un bateau à deux coques aux voiles jaunes. Une dizaine de personnes, groupées sur le pont, observaient les flots avec intérêt. Suivant leur regard, Jessica découvrit la vingtaine de dauphins qui escortaient l'*Abeille des mers*. Sam amena les voiles pour réduire l'allure tandis que le capitaine modifiait son cap. Craig lança dans le mégaphone :

– Autorisation d'abordage sollicitée.

Une autre voix lui répondit en écho :

– Ohé, l'*Étoile bleue* ! Requête acceptée ! Bienvenue à Little Bahama. Ce n'est pas trop tôt ! Votre barcasse se traîne, ma parole !

– Sacré vieux Matt ! gloussa Craig.

Pendant la manœuvre, Jessica ne lâcha pas des yeux les dauphins. Contrairement aux tursiops, l'espèce tachetée présente une grande diversité. La taille, le nombre, la couleur des taches varient d'un dauphin à l'autre. Elle était impatiente de les voir de plus près et de lier connaissance.

Hélas, tandis que Sam arrimait les deux voiliers, certains firent un bond en arrière. Puis, comme s'ils s'étaient passé le mot,

toute la bande s'éloigna à vive allure.
– Que se passe-t-il ? s'écria Jessica. Ils ont peur de nous ?
– Je l'ignore, ma puce, avoua son père, aussi déçu qu'elle. J'espère que non... Pourtant, ça y ressemble.
Depuis l'autre bateau s'éleva un chœur de voix désappointées :
– Revenez !
Mais les dauphins n'en firent rien. En quelques instants, ils avaient disparu, comme si leur présence n'avait été qu'un mirage.

– Désolé d'avoir effrayé tes dauphins ! s'excusa Craig dès qu'ils furent passés à bord de l'*Abeille des mers.*
Grand, mince et très bronzé, Matt Anderson leur sourit avec chaleur.
– Ce n'est pas votre faute, le rassura-t-il. Ces temps-ci, on croise dans les parages de drôles de gamins irresponsables, et les dauphins sont méfiants. Ils ne vont pas tarder à revenir.

– Le capitaine doit gagner le port pour une petite révision, dit Craig. Notre cuisinière, Mei Lin, en profitera pour renouveler son stock de produits frais. Si ça ne te dérange pas, on pourrait attendre ici leur retour…
– Très bien ! On va passer l'après-midi à observer les dauphins, puis on rentrera à Port Lucaya pour dîner. On vous ramènera.
– Parfait ! Je vais prévenir Harry qu'il a quartier libre.
Soudain, Maddie s'exclama :
– Ciel, on a oublié quelqu'un !
Pensant qu'elle parlait de la fille du capitaine, Jessica répliqua :
– Brittany ? Elle sera ravie de faire du lèche-vitrines avec Mei Lin !
Mais Maddie hocha la tête en grimaçant. Tous éclatèrent de rire, comprenant à qui la jeune fille faisait allusion.
– Ce pauvre Dr Taylor ! pouffa Gina.
Il s'agissait d'un scientifique, dont la présence à bord avait été imposée par leur sponsor, la Petroco. En principe, il était censé participer au programme de recherche ; mais,

chose bizarre, ce personnage déroutant et peu sympathique ne semblait guère s'intéresser aux cétacés.

– Il faut aller le chercher, soupira Craig. Sinon, il va piquer sa crise.

Jessica vit les jumeaux en grande conversation avec un garçon de leur âge.

– C'est votre fils ? demanda-t-elle à Matt.

– Non. Tu trouves qu'il me ressemble ?

Jessica rougit de sa méprise. En effet, l'enfant, blond et rondouillard, ne rappelait guère l'homme brun et svelte qui lui souriait d'un air espiègle.

– Pas… pas vraiment, balbutia-t-elle. Comme il est un peu jeune pour faire partie de l'équipage, j'ai cru qu'il était de la famille.

– Je ne suis pas marié. Ma petite amie, Anna, n'est pas pressée de m'épouser ! Voilà : à part mon assistant, Adam, ces gens sont des touristes. Ils paient pour aller en mer voir des dauphins. Ça me permet de financer mes recherches.

– C'est une idée géniale ! s'écria Jessica.

– Ravi que ça te plaise ! Viens, je vais te présenter.
Le nouveau copain des jumeaux s'appelait Logan. Ses parents et lui venaient du Colorado. Il y avait aussi Anita Lapidus et Kim, sa fille, une adolescente, un couple âgé, originaire du Vermont, et deux Texans, Jim et Megan Hobb. Adam Jones, l'assistant de Matt, était un jeune homme timide dont les yeux bleus clignaient sans cesse derrière ses lunettes cerclées de métal.
Sitôt les présentations achevées, les trois garçons entourèrent Matt, et Logan lui demanda :
– Monsieur Anderson, à votre avis, les dauphins vont revenir ?
– Je l'espère ! répondit Matt. Quand le voilier de nos amis se sera éloigné, je mettrai de la musique. Le catamaran est équipé de haut-parleurs sous-marins. Les dauphins s'en approcheront dès qu'ils n'auront plus rien à craindre.
Jessica fronça les sourcils. Matt avait affirmé que ce n'était pas l'*Étoile bleue* qui

avait fait fuir les dauphins. Alors, pourquoi parler de crainte ? Jimmy devait avoir pensé la même chose, puisqu'il lança, outré :

– Ils n'ont rien à redouter de nous ! On adore les dauphins ! On a plein d'amis parmi eux en Floride qui peuvent venir en témoigner !

Cette déclaration provoqua des rires dans l'assemblée.

– Je n'en doute pas, Jimmy ! répondit Matt avec sérieux. Ceux de Little Bahama vont vous adopter aussi. Votre bateau n'est pas en cause. Je faisais allusion à un hors-bord, l'*Ouragan*, loué pour les vacances par une bande de jeunes. Les gens ne se rendent pas compte des ravages que peut causer un bateau à moteur. Ils n'ont jamais vu un dauphin trop confiant déchiqueté par une hélice. Moi, si, hélas !

Jessica frémit en imaginant ce spectacle.

– Ces gars-là sont une vraie calamité ! intervint Jim Hobb avec colère. L'ignorance est une chose ; la cruauté en est une autre. On les a croisés plus d'une fois. Ça les amuse de martyriser les animaux !

– Jim a raison, j'en ai peur, confirma Matt. On m'a raconté qu'ils les prennent au filet pour les traîner derrière leur bateau, à pleins gaz. Vous imaginez le traumatisme ! Pas étonnant que les dauphins soient aussi nerveux depuis quelque temps.

– Comment osent-ils ? lâcha Jessica, scandalisée.

– Bof ! Ces sales gosses ont plus d'argent que de cervelle ! soupira Matt.

3

Craig revint en compagnie du Dr Taylor. Ébouriffé, les yeux lourds de sommeil, celui-ci bâillait sans retenue.

– Excusez-moi, Docteur Anderson, mais je ne m'attendais pas à cette rencontre, marmonna-t-il. Voyez-vous, c'est l'heure de ma sieste…

– Bien sûr, je comprends, fit Matt poliment. Je dois dire que sur l'*Abeille des mers*, on n'a pas franchement le temps de dormir l'après-midi. Mais il y a des couchettes en bas si vous souhaitez…

– Non, tant pis, le mal est fait ! Je vais rester avec vous. C’est toujours un plaisir de discuter avec un confrère. Euh… en quoi consiste votre travail, au juste ?
Matt n’eut pas le loisir de répondre, car Logan venait de s’écrier :
– Les dauphins ! Ils reviennent !
Jessica courut rejoindre les garçons. Une dizaine de dauphins tachetés nageaient en direction du catamaran. Penché sur le bastingage, Logan les désignait aux jumeaux :
– Regardez ! Voici Cressy, avec une entaille sur la nageoire dorsale. Et puis Debby. Elle est adorable ! Vous voyez le petit, là ? C’est Dobbin, son delphineau. Il aura un an dans un mois. Matt l’a vu juste après sa naissance.
– Pourquoi n’a-t-il pas de taches ? s’étonna Jessica. Sa mère en est couverte.
– Parce que c’est encore un bébé, expliqua Logan. Ils ne commencent à en avoir que vers l’âge de quatre ans. Chaque année, elles s’étendent…

– Ça nous aide à déterminer leur âge, enchaîna Matt. Mais, comme leur apparence varie, ce n'est pas toujours évident de les reconnaître, à moins qu'ils aient une cicatrice ou un signe distinctif.

Jessica songea à la marque en forme de « A » qui avait valu son nom à Anatole[1]. Et à Rosie[2], blessée à l'œil par un harpon, qui en avait gardé une balafre.

– Quelqu'un a envie de se baigner ? lança Matt.

– On peut ? s'écria Jessica, ravie.

– Oui ! On dirait bien que nos visiteurs ont envie de compagnie. Logan va vous montrer où vous changer.

Dans la cabine, le garçon leur confia, enthousiaste :

– C'est les meilleures vacances de ma vie ! Nager avec des dauphins... on ne peut pas rêver plus...

– Hé, on le sait, le coupa Jimmy, arborant un air blasé. On fait ça tout le temps !

---

1. Lire *Une belle amitié*, n° 501.
2. Lire *Une histoire d'amour*, n° 502.

– Ben voyons ! fit Logan.
– Si ! insista Jimmy.
– Pas tout le temps, rectifia Jessica, s'adressant à Logan. Nos parents étudient les dauphins. On vit sur un bateau pour apprendre à mieux les connaître. Ce sera la première fois qu'on nage avec des dauphins tachetés.
Bientôt, ils furent prêts.
– Mieux vaut ne pas être trop nombreux dans l'eau, conseilla Matt, sinon, les dauphins risquent d'abandonner la partie.
Lui-même avait prévu de rester à bord pour parler travail avec Craig et le Dr Taylor. Maddie décida à son tour de renoncer à la baignade :
– Comme ça, je pourrai vous filmer !
– C'est super gentil, Maddie ! la remercia Gina.
Matt s'adressa au groupe de plongeurs :
– Juste un mot, histoire de vous rafraîchir la mémoire… Quelles sont les deux règles à respecter avec les dauphins ?
– Ne pas les agripper ! répondit Logan.

– Exact ! Tant qu'ils n'ont pas appris à vous faire confiance, une caresse peut passer pour une menace. Laissez-les s'approcher. Ce sont eux qui prennent l'initiative… Et la seconde règle ?

– Ne pas boucher leur évent ? dit Sean en jetant un coup d'œil à son frère.

Jimmy avait commis cette bêtise un jour, empêchant le dauphin de respirer.

– Parfait ! sourit Matt. Le sermon est fini. Amusez-vous bien !

Gina retint les jumeaux :

– Pas de hurlements de Sioux ni de cris de pirates, compris ? Soyez aussi paisibles que des étoiles de mer.

– Ah non, c'est pas rigolo ! geignit Jimmy.

– Tu sais quoi ? On sera des requins, suggéra Sean. Silencieux, mais redoutables.

– Ouais, sympa ! chuchota Jimmy en montrant les dents.

4

Jessica évoluait déjà dans l'eau tiède et transparente. Le soleil se reflétait sur le sable blanc du fond, allumant des étincelles sur son corps comme sur celui des dauphins. Ils émettaient un chœur de « clics » et de sifflements, telle une foule joyeuse, assemblée pour une fête nautique. Pour parfaire l'ensemble, un thème classique jaillit des haut-parleurs.

– *Water Music*, musique d'eau, de Haendel, précisa sa mère en glissant à côté de Jessica.

« Un choix idéal », songeait celle-ci quand

un trio de cétacés s'approcha tout près d'elle. Ils bondirent à la surface, retombèrent sur le dos puis, opérant un roulé-boulé, ils plongèrent à pic et restèrent en équilibre, le bec pointé dans le sable. Elle essaya de les imiter. Ce n'était pas évident ! À côté de ces équilibristes surdoués, elle se sentait lourde et pataude.
Plus loin, elle aperçut un couple plus tranquille, une mère et son delphineau, blotti contre son flanc. C'était trop mignon ! Quelque chose remuait sur le dos de la femelle. On aurait dit un petit poisson qui rampait comme un lézard sur un mur. Jessica observa son manège, parfaitement immobile…
Le delphineau nagea dans sa direction. Il la contourna plusieurs fois, de plus en plus près, sans toutefois la toucher. Jessica ne bougeait pas, par peur de l'effrayer. Soudain, quelqu'un cria :
– Oh, venez voir ! Un bébé !
Deux ou trois personnes arrivaient dans leur direction. Apeuré, le delphineau retourna se

réfugier auprès de sa mère et ils s'éloignèrent en deux coups de nageoire.

Quand elle regagna l'*Abeille des mers*, les muscles de Jessica tremblaient de fatigue. Elle n'avait pas vu le temps passer ! Tous se retrouvèrent sur le pont, à grignoter des fruits secs. Jessica parla du petit poisson bizarre qui semblait scotché à la maman dauphin.

– C'est un rémora, ou « poisson suceur », expliqua Matt. Sa tête est munie d'une sorte de ventouse, qui lui permet de s'accrocher à un poisson plus gros. Le dauphin dont tu parles doit être Mary ; son delphineau s'appelle Skipper. Elle se balade toujours avec le rémora, comme s'il s'agissait d'un animal familier. Du coup, on l'a baptisé Nounours.

– Ridicule ! grogna le Dr Taylor. Je n'ai jamais entendu une sottise pareille ! Le rémora est un parasite, un point c'est tout !

– Un parasite ? s'étonna Jimmy.

– Dans ce cas, c'est un animal qui vit aux dépens d'un autre, expliqua Gina. Comme

les puces ou les tiques sur les chiens.
Mais le Dr Taylor ne décolérait pas :
– Franchement, on aura tout vu ! Non seulement des scientifiques s'abaissent à balader des touristes, mais en plus ils leur bourrent le crâne avec des inepties ! Comparer un rémora à un animal familier et le baptiser Nounours, c'est ridicule !
Jessica se demanda comment Matt allait réagir à cette attaque. Il rougit un peu, mais garda son calme :
– Vous m'avez mal compris, Docteur Taylor. J'observe le comportement des dauphins ; je constate qu'ils ont une relation particulière avec les rémoras. Je ne prétends pas tout expliquer ; je m'interroge. Quant à « balader des touristes », comme vous dites, je n'en ai pas honte. Cela me permet de poursuivre mes recherches. En outre, j'estime qu'il est important d'instruire le public. Sinon, à quoi bon étudier une espèce ?
– Oui… En effet… Instruire le public… Oui… En quelque sorte, c'est ce à quoi je

m'emploie moi-même, maugréa le Dr Taylor. C'est d'ailleurs pourquoi je déplore qu'on attribue des prénoms à des *spécimens*. Quelle piètre image de la science vous donnez là !

« Piètre image toi-même ! » songea Jessica, regrettant que son père ait tiré ce spécimen-là de sa sieste. Tout ce que savait faire ce savant, à part ronfler, c'était gâcher leur plaisir...

Sa mère, qui devait penser la même chose, lui glissa à l'oreille :

– Tiens, on va le baptiser « Dr Casse-pieds » !

Après le coucher du soleil, Matt raccompagna la tribu McGrath sur l'*Étoile bleue*. Jessica alla saluer Mei Lin à la cuisine. Elle fut surprise de la trouver en compagnie d'une Brittany radieuse, occupée à éplucher des fruits exotiques.

– Salut, Jessica ! lui lança la jeune fille. Tu as manqué quelque chose ! Ils ont un marché super, et plein de boutiques géniales ! On y retourne demain. Ça te dirait de venir avec nous ?

Stupéfaite, Jessica fixa la pile de fruits sur la table. Jamais Brittany ne s'était montrée aussi serviable et gentille.

– Euh, c'est sympa, mais… un autre jour, peut-être ? Demain, mes parents doivent travailler avec Matt. Je préfère rester sur le bateau.

– Comme tu veux ! Je pensais que ça te ferait du bien de retrouver le plancher des vaches ! Figure-toi qu'ils ont une école de plongée fantastique. La meilleure du monde, selon mon père. On y est passés ce matin, et il m'a inscrite. Tu ne devineras jamais qui sera mon professeur !

– Une personnalité connue ? L'acteur qui joue dans *Le grand bleu* ?

Brittany éclata de rire :

– Non. Une femme. Tu as entendu parler d'elle : c'est Anna, la petite amie de Matt ! Elle affirme que, si je travaille dur, j'aurai mon diplôme en une semaine !

– Waouh ! Génial ! s'exclama Jessica,

sincère, espérant que la plongée inciterait Brittany à s'intéresser davantage aux dauphins.

Le 15 juillet, dans ma couchette

Dire que j'avais le blues ce matin! Cette journée a été fantastique. J'ai même reçu un e-mail de Lindsay, qui ne m'avait pas du tout oubliée! Elle a dû partir quelques jours chez sa grand-mère, qui est souffrante. Mais elle est rentrée maintenant, et puisqu'on va rester au port (qui est très joli, pour ce que j'en ai vu...), ce sera plus facile de garder le contact.

Et... j'allais oublier! J'ai compris pourquoi Brittany était de si bonne humeur! Elle a enfin eu des nouvelles de sa mère, qui s'excusait de ne pas s'être manifestée plus tôt (sans expliquer pourquoi). Il paraît qu'elle a une «merveilleuse nouvelle» à lui annoncer et qu'elle lui téléphonera bientôt. Je suis vraiment contente pour elle.

Finalement, à part ce rabat-joie de Dr Casse-pieds, tout le monde a été adorable aujourd'hui!

5

Le lendemain, les McGrath se levèrent aux aurores pour rejoindre Matt et ses touristes sur l'*Abeille des mers*.

– Pas de Dr Taylor, aujourd'hui ? s'étonna Matt.

– Il a décidé d'entreprendre de nouvelles recherches… Une étude exhaustive des charmes de Port Lucaya, ironisa Craig. Toutefois, il me prie de te faire savoir qu'il a téléchargé ta disquette. Celle où tu établis la « carte d'identité » de tes dauphins. Il compte potasser sérieusement ces données.

– Il a intérêt ! J'ai la ferme intention de lui poser des colles pour vérifier !

Jessica et ses frères retrouvèrent Logan et Kim. Tout le monde scrutait l'horizon, chacun souhaitant être le premier à repérer un dauphin.

L'*Abeille des mers* se faufila au milieu du trafic du port. Par cette journée magnifique, toutes les embarcations étaient de sortie. Une fois au large, le catamaran gagna une zone plus tranquille.

– Regardez ! lança Kim.

Jessica se tourna dans la direction indiquée par l'adolescente. Son cœur battit plus vite lorsqu'elle aperçut des nageoires dorsales qui fendaient les vagues.

Soudain, dans un ensemble parfait, trois corps incurvés bondirent à la surface pour replonger aussitôt. Un instant plus tard, les dauphins nageaient le long du bateau. Le bec hors de l'eau, ils semblaient sourire : ce spectacle remplissait toujours Jessica de joie.

Peu après, Logan signala que d'autres dauphins approchaient.

– On a eu de la chance ! se réjouit Matt. On va jeter l'ancre dans les parages. Tout doucement, pour ne pas les effrayer.

Jessica tenta de reconnaître ceux avec qui elle avait nagé la veille. Ce groupe-là ne comportait pas de delphineau.

– Tu les as déjà vus ? demanda-t-elle à Logan.

– Je n'en suis pas certain… Ah si ! Celle-ci, qui a des taches en volutes sur la tête, c'est Nébula. Quant aux autres, je ne sais pas…

– Ils m'ont l'air d'avoir entre six et onze ans, évalua Matt.

– On peut nager avec eux ? s'enquit Jessica.

– Sois patiente. Observe-les ; essaie de deviner leur humeur. Parle-leur depuis le pont. Ensuite, je mettrai la musique. S'ils semblent intéressés, vous irez les rejoindre. Pas plus de deux à la fois, pour créer avec eux une relation plus intime.

– Message reçu, capitaine ! acquiesça Jessica.

– Je peux leur donner un jouet ? voulut savoir Logan. J'ai apporté ça…

Il sortit de son sac une grenouille verte qui couinait quand on appuyait dessus.
– Pffft ! fit Jimmy. Un jouet pour chiens !
– J'ai pensé que ça leur plairait, plaida Logan en adressant à Matt un regard suppliant.
– Après tout, pourquoi pas ? rit celui-ci. Un rien les amuse.
Tous s'assemblèrent autour de Logan. Penché par-dessus le bastingage, il pressa la grenouille pour la faire couiner. Les dauphins répondirent, sifflant et jacassant.
– À vous de jouer ! cria Logan en balançant la grenouille par-dessus bord.
Nébula bondit pour la saisir au vol.
– Bravo ! applaudit Kim.
– Elle ne risque pas de l'avaler ? s'affola Jessica.
– Non, ils savent ce qui leur convient. Le plastique n'est pas inscrit à leur menu, la rassura Matt.
Déjà, les dauphins encerclaient Nébula, se bousculant pour lui faucher le jouet. Elle le fit couiner et s'enfuit, pourchassée par les

autres. Un dauphin parvint à attraper la grenouille, qui bientôt circula d'un «joueur» à l'autre, tel un ballon de volley.
À bord du catamaran, les spectateurs du match criaient et applaudissaient à chaque passe.
– Ho là, je sens venir des ennuis, dit soudain Matt.
Jessica entendit le rugissement d'un moteur, ponctué par les basses d'une musique techno. Un hors-bord lancé à pleine vitesse les doubla, dangereusement près. L'*Abeille des mers* tangua.
Jessica dut se cramponner au bastingage pour ne pas tomber. Inquiète pour les dauphins, elle scruta les flots. Les cétacés s'étaient aperçus du danger avant elle, et ils s'étaient mis à l'abri au fond de l'eau, serrés les uns contre les autres.
Les autres passagers poussaient des cris de colère. Jessica déchiffra le nom du bateau de plaisance, inscrit en noir sur la poupe: l'*Ouragan*. Quatre jeunes d'une vingtaine d'années se trouvaient à bord: c'était la

bande de jeunes dont Matt avait parlé la veille.

Le hors-bord vira et revint vers l'*Abeille des mers*, qui tangua de plus belle, ce qui fit rire les jeunes gens.

– Ils le font exprès ! s'indigna Jessica.

– Essaie de nous rattraper, petite abeille, cria une fille rousse.

Tous avaient une bouteille à la main. Un garçon brun et costaud finit de boire la sienne et la jeta à la mer.

– Sale pollueur ! hurla Kim.

– T'as qu'à demander à tes dauphins de faire le ménage ! lança en réponse l'un des passagers.

L'*Ouragan* s'éloigna dans un jet d'écume. Bientôt, le bruit du moteur s'évanouit, tandis que les vagues se calmaient.

– Bon débarras ! soupira Craig.

– Oh, ne te réjouis pas trop vite ! grimaça Matt. Ils ont loué ce bateau pour un mois. Selon la rumeur, ils sont à la recherche de trésors engloutis. Bien qu'ils passent leur temps à embêter tout le monde, ils ont des

équipements de plongée et un détecteur de métaux.
– Des trésors de pirates ? Il y en a par ici ? demanda Jimmy, les yeux brillants.
– Il paraît ! acquiesça Matt. Des centaines de bateaux ont sombré dans ces eaux. Bien peu ont été remontés. Les Bahamas sont célèbres pour leurs actes de piraterie. Le capitaine Kidd, Henry Morgan, Barbe-Noire, les plus grands flibustiers ont sévi dans les parages. Il existe même un musée à Nassau, qui…
– On peut vraiment trouver des épaves ? le coupa Jimmy.
– Il en existe, oui. Mais vous êtes un peu jeunes pour la plongée sous-marine, non ? le taquina Matt.
– Il faut avoir douze ans, râla Sean. Encore quatre ans à attendre !
– Tu auras peut-être de la chance ! Dans cette partie du monde, plein de gens ont déniché de l'or ou des bijoux. Comme ça, en ratissant le sable ou en barbotant avec un masque et un tuba.

– Des légendes pour attirer les touristes, j'imagine ! rit Gina.
– Non, des histoires vraies, déclara Matt. C'est arrivé à une de mes amies, Ismay Collins. Elle est venue passer des vacances à Little Bahama. Sur une plage déserte, elle a trouvé quelques pièces de huit. Ça a changé sa vie.
– C'est quoi, les pièces de huit ? demanda Logan.
– De la monnaie de pirates, expliqua Jimmy.
– Chacune pèse 28 grammes d'argent massif, précisa Maddie. À partir des années 1530, les Espagnols ont échangé leurs marchandises contre l'argent et l'or que le Nouveau Monde produisait en abondance.
Tous la dévisagèrent, stupéfaits.
– Vous avez été chasseresse de trésors dans une vie antérieure ? plaisanta Matt.
– Je ne pense pas, non… L'histoire est une de mes passions. Comme les jumeaux sont fascinés par les pirates, j'ai potassé le sujet… Mais dites-moi, Matt, comment ces

pièces ont-elles changé la vie de votre amie ? Leur valeur n'est pas considérable !

– Ça ne l'a pas enrichie, en effet. Mais ça a été le déclic ! Elle a acheté un bateau avec son frère, et ils passent désormais tous leurs étés ici, en quête d'épaves. Leur activité est légale, déclarée aux autorités locales. Leur société, comme leur bateau, s'appelle les Nouveaux chasseurs de trésors. Hélas, jusqu'à présent, ils n'ont rien trouvé d'autre !

– Pourtant, si je ne m'abuse, le fameux naufrage du *Maravilla* a eu lieu près d'ici, non ? reprit Maddie.

– Raconte ! Raconte ! la pressa Jimmy.

– C'était un galion espagnol, qui a sombré le 1er janvier 1656 avec un chargement d'une richesse inouïe. À l'époque, on n'a récupéré qu'une part infime de la cargaison... Dans les années 1970, un homme a déniché un document ancien qui indiquait l'endroit où était survenu le naufrage. Des plongeurs ont repris les recherches et remonté un butin évalué à des

centaines de milliers de dollars. Vous connaissez cette histoire, Matt ?
– Oh oui ! On a la liste des biens que transportait le galion. Beaucoup n'ont pas été retrouvés, dont une statue en or massif de la Vierge !
– Comment une épave pareille peut-elle passer inaperçue ? s'étonna Craig.
– Par ici, les tempêtes sont dévastatrices, lui rappela Matt. Les fonds sous-marins n'y échappent pas. C'est comme s'ils étaient retournés par une cuillère géante. Le paysage en est complètement chamboulé ; les épaves aussi !
Voyant frissonner son auditoire, Matt sourit :
– Les dures lois de la nature ont toujours un aspect positif. Les dauphins de Little Bahama sont particulièrement amicaux, habitués aux plongeurs qui y effectuent des fouilles depuis des années. Passionnés par leur travail, ces gens-là respectent les animaux. Ils se tiennent compagnie, s'entraident parfois. La confiance règne dans ces

eaux. Sauf quand on a affaire à des gamins irresponsables ! Pour ma part, j'ai été accueilli ici à… nageoires ouvertes !

6

Le 19 juillet, dans la soirée

Encore nagé avec des dauphins tachetés. Il y avait aussi des tursiops, mais ils se tenaient à l'écart, comme s'ils boudaient. Je m'ennuie de mon premier ami, Anatole. Pense-t-il à moi? Matt affirme que les dauphins ont une mémoire incroyable: ils se souviendraient de gens rencontrés des années plus tôt. Pourvu que ce soit vrai!

Ça me ferait trop mal qu'il ne me reconnaisse pas...

Brittany s'accroche à ses cours de plongée. Elle est plus gentille avec moi, c'est moins galère de partager notre cabine. Cela dit, je l'échangerais sans hésiter contre Lindsay !

– Hé, qu'en penses-tu ?
Jessica leva le nez de son journal. Brittany exhibait une bouche barbouillée de rouge sombre.
– Euh… C'est en quel honneur ?
– Pour me vieillir !
– Tu crois que ton père va apprécier ?
Brittany soupira et essuya le rouge à lèvres avec un mouchoir en papier.
– Ta mère te permet de te maquiller ? demanda Jessica.
– Des fois… Pas souvent, à vrai dire ! C'est elle qui m'a donné ce rouge. À propos, j'ai reçu un autre e-mail ! Elle promet de me passer un coup de fil, la semaine prochaine.

– Super ! Tu lui as dit, pour tes cours de plongée ?
– Non. Je préfère lui faire la surprise, au téléphone. D'ici là, j'aurai sûrement décroché mon diplôme !
On frappa à la porte de la cabine. Gina entra, souriante :
– Venez, les filles, on a de la visite !
Au salon, elles retrouvèrent Harry, Craig et Anna, une jeune fille aux boucles brunes, menue et pleine d'assurance.
Anna serra la main de Jessica avant d'étreindre Brittany :
– Comment va ma brillante élève ?
Brittany rougit et baissa la tête, intimidée.
– Je… je ne suis pas vraiment…, balbutia-t-elle.
– Bien sûr que si ! Tu as assimilé la théorie drôlement bien ! Je n'ai jamais vu quiconque apprendre aussi vite. Maintenant que tu as tout ça dans le crâne, on va passer au reste. Ce qu'il te manque, c'est la confiance en toi ! Persuade-toi que tu es la meilleure. Vas-y, dis-le : « Je suis une bête ! »

Brittany détourna les yeux.
Jessica se réjouissait de ne pas être à sa place. Anna était sympa, mais trop théâtrale !
– Et tu es prête pour plonger ! poursuivait celle-ci. C'est pourquoi je suis là.
Puis elle s'adressa à Craig et Gina :
– Il paraît que vous restez sur l'*Étoile bleue*, demain ?
– Oui, répondit Gina, on a prévu de filmer les fonds sous-marins. Matt nous a signalé un endroit où on devrait trouver des dauphins.
– Il m'en a parlé. L'eau y est claire, avec moins de dix mètres de fond. Le site idéal pour filmer et plonger… Si ça ne vous dérangeait pas, je vous accompagnerais, et Brittany ferait sa première expérience de plongée depuis l'*Étoile bleue*.
– Ça me semble parfait, approuva Gina.
Jessica s'aperçut que Brittany sursautait légèrement. Toute pâle, elle bafouilla :
– Je ne peux pas… J'ai besoin de pratiquer encore… Je ne me sens pas prête…
– Justement, tu as besoin de pratiquer ! Ne t'inquiète pas, ma belle, je resterai à ton côté !

– Mais… non… je ne crois pas…
– Si tu n'as pas envie de plonger, tu n'es pas obligée ! intervint Harry, volant au secours de sa fille.
Anna lui jeta un regard sombre et décréta d'une voix ferme :
– C'est l'étape incontournable. Tu n'apprendras rien de plus en bassin. Si tu ne veux pas te décider, les cours s'arrêtent là ! Ce serait carrément dommage, après tout ce que tu as déjà accompli… Alors, dis-moi : tu continues ou tu abandonnes ?
Il y eut un silence. Harry, mal à l'aise, fixait ses pieds. Jessica se sentait mal pour Brittany et, surtout, elle était déconcertée. Jusque-là, la jeune fille semblait si enthousiaste et sûre d'elle ! Comment imaginer qu'elle avait peur…
Enfin, Brittany répondit :
– Je continue !
– Je l'aurais parié ! s'exclama Anna, d'un air triomphant.

7

Le lendemain, il faisait un temps magnifique. L'*Étoile bleue* filait bon train sur les flots étincelants. Depuis le pont arrière, Jessica guettait les dauphins. Par chance, les jumeaux avaient embarqué sur l'*Abeille des mers* pour passer une dernière journée avec Logan. Le voilier était donc paisible.

– Parés à amener ! cria Harry.

Jessica s'éloigna pour laisser Sam et son père amener les voiles afin de réduire l'allure. Elle rejoignit le capitaine à la barre.

– C'est bien l'endroit que Matt a signalé ? Il

n'y a aucune trace de dauphins !
– Douterais-tu de mon aptitude à naviguer, jeune fille ?
– Tu n'as pas intérêt ! lança Sam en riant. Harry est de ces vieux loups de mer qui trouvent leur chemin, les yeux fermés, en pleine tempête.
– Pourvu que je n'aie pas à le prouver ! marmonna Harry dans sa barbe.
– N'empêche qu'il n'y a pas de dauphins ! répéta Jessica.
Gina lui mit la main sur l'épaule :
– Ils vont se montrer. Matt sait de quoi il parle, depuis le temps qu'il les suit à la trace ! Il a d'ailleurs établi une carte de Little Bahama, qui localise les « coins à dauphins ».
– Ça lui permet d'être sûr de trouver les dauphins quand il embarque les touristes, confirma Craig. Mieux encore : grâce à cette carte, on peut aussi bien dénicher les dauphins que les éviter. C'est précieux pour les gros bateaux de pêche qui pourraient provoquer des accidents.

Le Dr Taylor leva le nez du livre qu'il lisait à l'ombre.

– Très intéressant ! dit-il. Mais cette carte est-elle fiable ? Si on ne voit pas la queue d'un dauphin aujourd'hui, on est en droit de s'interroger !

– Oh, je ne me fais aucun souci à ce sujet ! rétorqua Craig.

Un grand sourire illuminait son visage. Suivant son regard, Jessica aperçut une bonne douzaine de dauphins tachetés qui filaient droit sur eux.

Tout le monde se prépara à plonger.

Pâle et nerveuse, Brittany se mordait la lèvre. Anna lui tapota le bras :

– Révisons une dernière fois les signaux. Vas-y !

– Il y en a neuf, dit Brittany d'une petite voix.

Elle plaça une main au niveau de sa tête, joignant en cercle le pouce et l'index.

– Ça, c'est pour demander « OK ? » ou signaler que tout va bien.

Elle énuméra tous les signaux qui servent

aux plongeurs pour communiquer sous l'eau, reprenant peu à peu confiance en elle. Pendant ce temps, Sam s'assurait du bon fonctionnement de la caméra.

– Ce truc à oxygène pèse une tonne ! gémit Brittany. Il va me faire couler !

– Sous l'eau, ça te paraîtra infiniment plus léger, tu verras, rit Anna. Allez, ma belle !

Craig fut le premier à se jeter à l'eau, suivi par Jessica, Brittany, Anna et Gina, à qui Sam avait tendu la caméra sous-marine. Tous échangèrent le signal « OK », puis Anna s'éloigna avec Brittany.

Comme à chaque plongée, Jessica fut émerveillée de se retrouver dans cet univers féerique. Elle repéra sur sa droite un poisson perroquet aux couleurs éclatantes. Un peu plus loin, un banc d'anges de mer jaune et bleu évoluait tranquillement sans se soucier d'elle. Un léger choc contre son bras lui fit tourner la tête. À son ravissement, elle reconnut le sourire familier d'un dauphin, qui la fixait de son œil rond.

Grâce à sa taille et son absence de taches,

elle identifia sans peine un delphineau et chercha la mère des yeux. Aussitôt, trois adultes encerclèrent le bébé pour le protéger.

L'un d'entre eux avait un rémora sur le flanc. Jessica sourit : c'était Mary et son petit Skipper, accompagnés de Nounours. À côté, il lui sembla repérer Nébula, une guirlande d'algues accrochée à sa queue. Suivi par sa traîne brillante, le dauphin nagea contre Mary, qui fit soudain un écart. Jessica cligna des yeux : les algues étaient maintenant suspendues à la queue de Mary ! Skipper se jeta à la poursuite de sa mère et se glissa sous elle. Mary agita la queue : les algues se détachèrent, et elles flottèrent un instant entre eux. Le delphineau attendit qu'elles s'accrochent à lui et nagea droit vers Jessica.

Il l'invitait à jouer ! Elle tendit le bras, mais Skipper secoua la tête, comme si elle trichait. Elle essaya de s'emparer de la proie avec ses palmes, mais ce n'était pas facile. Mary récupéra la guirlande, qu'elle laissa tomber sur les chevilles de Jessica; mais Nébula la lui faucha aussitôt!

Elle ne faisait pas le poids face aux dauphins, mais qu'importe! C'était fabuleux de participer à leurs jeux gracieux.

8

L'expérience de plongée avait métamorphosé Brittany. De retour sur le pont, elle en bafouillait d'émotion :

– Ça alors, c'est génial ! C'est merveilleux, magnifique, là-dessous ! J'y serais restée des heures. Dire qu'au début j'avais la trouille… J'ai à peine eu le temps de me régaler qu'il a fallu remonter ! Je ne me suis pas trop mal débrouillée, hein, Anna ?

– Tu t'en es très bien sortie ! Il reste deux ou trois choses à travailler. On en parlera quand tu rempliras ton carnet de plongée.

Pour l'heure, tu dois ranger correctement ton équipement.
Jessica était contente pour Brittany. En se penchant par-dessus bord, elle s'aperçut que les dauphins étaient nombreux à présent. Ils nageaient autour de l'*Étoile bleue* dans un concert de « clics » et de sifflements.
Soudain, un vrombissement retentit, celui d'un moteur lancé à pleins gaz. Un bateau s'approchait rapidement. C'était l'*Ouragan*. Il fonçait droit sur eux !
Le hors-bord rugissait, fendant les flots et créant des remous monstrueux. La plupart des dauphins, regroupés en formation serrée, s'enfuirent. Jessica en repéra un petit groupe resté en ligne de mire, dont faisait partie le bébé, Skipper.
– Non ! hurla-t-elle.
Le petit était en danger ! Mary et Nébula l'avaient compris aussi : elles se précipitèrent pour encadrer Skipper et le mettre à l'abri. D'autres adultes, plus aventureux, bondissaient déjà dans l'écume propulsée par le passage de l'*Ouragan*.

L'équipage du hors-bord applaudit en poussant des cris. Soudain, les gaz furent coupés, stoppant brusquement la vedette, qui se mit à tanguer tout près de l'*Étoile bleue*.

Les parents de Jessica et le capitaine échangèrent des regards surpris.

– Voyons ce qu'ils veulent, décida Harry.

Il lança d'une voix forte :

– Ohé, l'*Ouragan* !

– Que se passe-t-il ? demanda Brittany, qui remontait de l'entrepont.

Elle remarqua la vedette et son visage s'illumina :

– Waouh, ces garçons sont super mignons ! Et leur bateau doit valoir une fortune !

Sans répondre à l'appel de Harry, les quatre passagers de l'*Ouragan* se contentèrent de dévisager ceux de l'*Étoile bleue*. Leur expression était pour le moins inamicale.

Une blonde en maillot rose lança :

– Hé, Marc, dis-leur de dégager !

Le gaillard brun qu'elle venait d'interpeller haussa les épaules. Dépitée, la blonde s'adressa à un autre de ses compagnons :

– Jay, fais quelque chose !

– Ouais ! On va rigoler. Heather, mets la musique ! À fond la caisse.

La rouquine se rua dans la cabine. Un instant plus tard, des échos tonitruants retentirent. Brittany commença à onduler en rythme sous le regard courroucé de son père.

– On ferait mieux de lever l'ancre, soupira Gina.

– En effet. C'est bien ce qu'ils espèrent, acquiesça Craig.

Il fit signe à Harry, qui fixait les intrus d'un regard perçant.

– Ils ont un comportement bizarre, murmura-t-il. Pourquoi avoir fondu sur nous s'ils souhaitent éviter la compagnie ?

Troublée, Jessica observa le hors-bord. Ses bruyants passagers s'en donnaient à cœur joie, mais quelque chose clochait. Ça sonnait faux… C'est alors qu'elle repéra les équipements de plongée. Des combinaisons, des palmes, quatre bouteilles soigneusement alignées. La fête n'était qu'un prétexte. Ils étaient venus plonger. Et, pour une raison mystérieuse, ils ne souhaitaient pas qu'on les voie.

Le 20 juillet, dans ma couchette

Ils cherchent un trésor! Ils doivent être persuadés qu'il y en a un dans ces eaux. Pourtant, on n'a rien repéré qui ressemble à une épave... Ils se trompent! À moins que... Un truc qui serait bien caché... Ça expliquerait pourquoi ils effraient les dauphins. Matt emmène souvent des touristes à cet endroit. En chassant les dauphins, ils éloignent Matt. En ce cas, s'ils trouvent un butin, il n'y aura pas de témoins. Aux Bahamas, chaque trouvaille doit être signalée au gouvernement, qui prélève un pourcentage... Je parie que ces types ont l'intention de tout garder pour eux...

Brittany est givrée. Elle a décrété que celui qui s'appelle Jay est une star de cinéma. Quant aux filles, elle les trouve «trop top» avec leurs maillots «tendance», etc. Qu'ils risquent de blesser les dauphins, elle s'en fiche complètement! Elle me prend vraiment la tête...

9

– Les voilà ! murmura Brittany en pénétrant dans la brasserie du port.

– Qui ? Où ? demanda Jessica.

Plusieurs jours s'étaient écoulés depuis leur rencontre avec le hors-bord. Jessica venait de passer une heure épuisante à surveiller les jumeaux au parc d'attractions, en pleine canicule. Elle n'avait qu'une envie : s'asseoir à l'ombre pour manger une glace avant de regagner l'*Étoile bleue*.

– Chut ! Fais comme si tu ne les avais pas vus..., chuchota Brittany en lui désignant un

box tout au fond de la salle.
Jessica eut un coup au cœur en reconnaissant les quatre larrons de l'*Ouragan*. Ils étaient penchés sur une carte marine déployée au milieu des tasses à café. Marc tenait à la main un parchemin. Il discutait avec les autres en pointant le doigt sur la carte.
Jessica n'avait pas envie de s'installer près d'eux, mais les jumeaux s'étaient déjà assis dans le box attenant au leur. Elle n'eut donc pas le choix.
Brittany, assise bien droite, jouait avec ses cheveux en s'observant dans la glace. Quand la serveuse vint prendre leur commande, elle annonça d'une voix haut perchée :
– Pour moi, ce sera un café !
– Tu n'en bois jamais ! s'étonna Jessica.
– Si, j'adore ça !
Jessica supposa qu'elle voulait se donner des airs assurés pour attirer l'attention de leurs voisins. Mais ceux-ci étaient bien trop occupés par leur discussion pour remarquer leur présence. Ils s'échauffaient, haussant le ton. Difficile de ne pas entendre…

– C'est juste là, disait Marc en montrant un point sur la carte avec une petite cuiller. Sûr et certain. Ça correspond rigoureusement à la description du « T ». Il est enfoui dans le sable. Je suggère qu'on loue un bateau plus gros et une drague pour déloger cette petite merveille.
– Elle peut se trouver n'importe où dans un rayon de trente kilomètres, objecta Jay. C'est ridicule de gaspiller de l'argent tant qu'on n'a pas rétréci le champ des recherches. Utilisons le détecteur de métaux. Encore une semaine de plongée, voire moins, et on devrait y arriver.
– Tu parles comme si on avait la vie devant nous ! râla la blonde. On rentre dans quinze jours à peine. Si on n'a rien trouvé d'ici là…
– Du calme, Ally. Pourquoi ne pas voter ? proposa la fille rousse.
– D'accord, acquiesça Marc. Je vote pour qu'on loue le matériel.
– Ben voyons… N'oublie pas qui paie ! s'insurgea Jay.
– Ouais, je sais, c'est toi le fils à papa. Mais

qui a effectué les recherches sur le naufrage de l'*Elvira*? Qui a déniché la carte et les documents anciens, hein? Sans ce parchemin, tu ne serais guère avancé!

Entendant cela, les jumeaux ouvrirent des yeux ronds. Avant que Jessica puisse les retenir, ils avaient bondi de leur banquette.

– C'est une carte au trésor? demanda Jimmy.

– On dirait un truc de pirates! renchérit Sean. On peut regarder, s'il vous plaît? On en connaît un bout sur les pirates.

Marc leva le parchemin, le mettant hors de portée des jumeaux.

– C'est malin! explosa Jay. Tu ne peux pas fermer ta grande gueule?

Il lui arracha le document et le fourra dans une mallette posée sur la chaise. Pendant ce temps, la blonde Ally enroulait prestement la carte marine.

– Hé, ce ne sont que des mômes! protesta Marc.

La jeune blonde adressa aux jumeaux un sourire enjôleur:

– Nous aussi, on est des mômes. De grands gamins qui jouent à faire semblant. Juste pour donner du piment à nos vacances, vu ?
– Cette carte ne ressemblait pas à un faux, bougonna Sean.
– On en a aussi, se vanta Jimmy. Vous nous montrez celle-ci, et on vous prête les nôtres, OK ?
– Pas question ! trancha Jay. Écoutez... Puisque vous êtes des spécialistes, soyez sympa, gardez le secret. Pas un mot à quiconque de ce que vous venez d'entendre. Si on trouve un trésor, on partage ! La preuve ? Voici une petite avance.
Il fouilla dans sa poche et en ressortit une poignée de billets froissés. Furieuse, Jessica bondit, mais elle n'eut pas à intervenir. Déjà, les jumeaux s'écartaient.
– Allez, ne soyez pas timides ! insista Jay. Quel est le problème ? Ce n'est pas assez ?
– On nous a défendu d'accepter de l'argent d'un inconnu, dit Jimmy, très digne.
– Exact ! Vous n'auriez même pas dû nous adresser la parole, renchérit Ally. Vous avez

intérêt à ne rien dire à vos parents... Ils seraient fous de rage ! Faisons comme si rien ne s'était passé, d'accord ?

– Pour l'argent, OK, marmonna Jessica avant de ramener les jumeaux à leur table.

– Ne vous inquiétez pas, on ne dira rien, promit Brittany. J'imagine que si quelqu'un est assez malin pour mettre la main sur un trésor, il a le droit de le garder, non ?

Jay lui retourna le compliment :

– Tu m'as l'air d'être toi-même une fille très maligne.

Quand la serveuse apporta leur commande, Brittany vint chercher sa tasse de café.

– Ally m'a invitée à m'asseoir avec eux, expliqua-t-elle. Figure-toi que les cousins d'Heather vivent à Palm Beach, comme moi. Je parie qu'on a des connaissances communes !

Jessica la regarda s'installer avec les autres, mal à l'aise. Elle n'aimait pas l'équipage de l'*Ouragan*. Mais comment empêcher Brittany de se lier avec eux ?

10

Matt et Anna vinrent dîner ce soir-là à bord de l'*Étoile bleue*.

– Hé, Matt, lança Sean au dessert, vous aviez raison pour ces types de l'*Ouragan*. Ils cherchent bien un trésor. Ils ont une carte… Si on les devançait ? Ce serait génial de le dénicher avant eux, non ?

– Espèce de petit mouchard ! explosa Brittany. On ne devait en parler à personne !

– Nous, on n'a rien promis, se défendit Jimmy.

– Tu es la seule à t'y être engagée, Brittany,

lui rappela Jessica. Je ne vois d'ailleurs pas pourquoi on aurait dû le faire. Ils n'ont aucun droit particulier sur ce trésor.

– Eh bien, si ! Ce sont eux qui ont entamé les recherches et trouvé le document. Ils paient le bateau, l'équipement de plongée, le matériel. En plus, je les trouve sympa…

– À moins que les jumeaux sachent dessiner la carte de mémoire, intervint Matt, il y a peu de chances qu'on découvre cette mystérieuse épave.

– Je l'ai à peine entrevue, dit Sean. Mais j'ai un indice. Le nom du bateau : l'*Elvira*.

– L'*Elvira* ! s'exclama Anna. Celui que recherchent Ismay Collins et son frère !

– Tu es sûr du nom ? demanda Matt.

Les jumeaux hochèrent vigoureusement la tête.

Matt échangea un coup d'œil avec Anna.

– Ça alors ! Mes amis ont passé trois étés à tenter de localiser l'*Elvira*, sans succès. Et ces types débarquent ici avec une carte… Pourtant, ils m'ont l'air d'être des amateurs. De plus, il ne suffit pas de connaître l'endroit où le navire s'est échoué. Comme je vous l'ai raconté, les tempêtes endommagent les bâtiments engloutis. Les débris sont souvent disséminés…

– Pourtant, vos amis ont trouvé des pièces en provenance de ce bateau, non ? se souvint Jessica.

– Oui. Une tempête les avait rejetées sur une plage. À l'époque, l'épave avait livré une partie de son trésor. C'était la saison des ouragans, rendant toute plongée impossible. Le temps qu'Alex et Ismay puissent entreprendre des recherches sous-marines, l'*Elvira* était de nouveau introuvable.

– Ils n'utilisent pas de drague ? s'étonna Brittany. *Mes amis à moi* ont l'intention d'en louer une. Ally et Heather m'ont tout expliqué. Le système se fixe sur l'hélice du bateau. Ça crée un tourbillon qui évacue le sable pour faire apparaître l'épave.

– Oui. À condition qu'elle soit là ! objecta Matt. Sinon, on n'obtient qu'un joli trou vide. Les fonds sont trop vastes pour qu'on y creuse au hasard. Toutefois, si ces gens-là disposent d'une carte exacte, ils auront peut-être de la chance !

– Mon petit doigt me dit qu'ils sont bien renseignés sur la position de l'*Elvira*, s'exclama Craig, les yeux brillants. Tu n'en saurais pas davantage, par hasard ?

Matt éclata de rire :

– Je vois que tu l'as attrapé, toi aussi, le virus du chasseur de trésors !

– Non, non… Je me disais juste que ce serait intéressant pour les enfants…

Craig avait rougi. Il se massa le visage pour masquer son embarras.

– En fait, reprit Matt, cette position, tu la connais. Vous y avez nagé le jour où Jessica a disputé le relais d'algues avec Mary et Skipper.

– Là où j'ai effectué ma première plongée ? s'écria Brittany. Je n'ai rien vu qui ressemble aux débris d'un bateau naufragé.

– Moi non plus, intervint Gina. En revanche, c'est un site idéal pour filmer : excellente visibilité, dauphins en quantité… J'adorerais y retourner, sauf que…

– Sauf que l'*Ouragan* s'évertue à en éloigner les dauphins, poursuivit Jessica. À mon avis, s'ils estiment que l'épave se trouve là, ils vont investir les lieux.

– Inutile d'aller au-devant des ennuis, soupira Craig. On devra se contenter d'étudier les dossiers de Matt…

– Gardez ça pour vos longues soirées d'hiver ! dit Matt en souriant. Je vais vous dénicher un super site de tournage…

– L'*Ouragan* ne naviguera pas demain ! annonça soudain Brittany. Les garçons vont se balader en moto. Ally et Heather iront à Freeport, où il y a plein de boutiques branchées. D'ailleurs, elles m'ont proposé de les accompagner. Je peux, Papa ?

– À condition que j'aie une petite conversation avec ces jeunes filles, répondit Harry, prudent.

– J'en étais sûre, soupira Brittany. Elles prennent leur petit déjeuner à la brasserie du port. Tu n'as qu'à m'emmener pour faire leur connaissance.

11

Harry avait dû être rassuré par son entretien avec Ally et Heather, car l'*Étoile bleue* appareilla sans Brittany, le lendemain matin. Jessica reprit son poste d'observation habituel. Elle songeait aux épaves. Difficile d'imaginer que cette eau turquoise puisse être un cimetière de bateaux !

C'était une obsession collective : elle entendit Sam parler de naufrages avec les jumeaux.

– Quand j'étais gamin, racontait-il, mon père à trouvé sept pièces d'or du XVIIIe siècle sur une plage.

– Un trésor de pirates ? souffla Jimmy.
– Non. Fin juillet 1715, un convoi de navires espagnols, de retour de Cuba, fut pris dans un ouragan… Quatre bâtiments ont sombré.
– Juillet, ce n'est pas un peu tôt pour un ouragan ? voulut savoir Jessica.
– En principe, la saison commence fin août, acquiesça Sam. Toutefois, il arrive qu'on essuie de violentes tempêtes plus tôt.
Jessica remarqua la mine soucieuse de Harry. Pensant qu'il s'inquiétait pour Brittany, elle tenta de lui changer les idées :
– Avez-vous déjà assisté à un naufrage ?
– Hélas, oui ! Et je prie le ciel de ne jamais revoir pareil spectacle ! Mais je suppose que ce n'était pas l'objet de ta question. Désolé, je ne suis pas fanatique de la chasse au trésor. Ça me rend nerveux… Sans doute une superstition de vieux loup de mer. Même si la catastrophe a eu lieu voici des siècles, je ne puis m'empêcher de songer aux malheureux qui se trouvaient à bord et à ce qu'ils ont vécu.

Jessica maudit sa maladresse. Heureusement, un cri de sa mère la tira d'embarras :
– Des dauphins à tribord !
Oubliant pirates et naufrages, Jessica se précipita de ce côté. Une douzaine de dauphins tachetés nageaient rapidement dans leur direction. Certains bondissaient, comme pour manifester leur joie. Bientôt, ce fut la bousculade pour surfer dans le sillage de l'*Étoile bleue*.
Jessica se pencha, la main tendue. Un dauphin sauta, lui effleurant les doigts. Nébula ? Il semblait bien s'agir du même groupe que la dernière fois.
Sam et Craig affalèrent les voiles pour réduire l'allure.
– On est prêts ! crièrent les jumeaux.
Ils avaient déjà enfilé leurs maillots, et ils trépignaient, impatients de se jeter à l'eau.
– Pas question de nager seuls ! s'interposa leur mère. Papa, Jessica et moi serons en plongée et…
– Je veux bien les accompagner, proposa Sam.

– Oh, merci ! N'hésitez pas à vous montrer intraitable avec ces petits monstres, lui recommanda Gina.
– Un contre deux, ça va être dur ! plaisanta Sam.
– Et si j'équilibrais les forces ? suggéra Maddie. À moins que Gina n'ait besoin de moi…
– Je pensais vous confier la surveillance du magnétophone… Mais le Dr Taylor acceptera sûrement de vous remplacer !
Le savant, qui somnolait dans une chaise longue, sursauta :
– Euh… Hein… Quoi ?
Gina lui expliqua qu'elle voulait utiliser l'hydrophone pour enregistrer les sons émis par les dauphins et qu'elle avait besoin de lui pour observer le moniteur et changer au besoin la cassette.
– Pas de problème, ravi d'être utile ! déclara le scientifique. S'il y a quoi que ce soit d'autre, un petit boulot à me confier, n'importe quoi, n'hésitez pas…
Il semblait soulagé d'avoir une mission.

Pour la première fois, Jessica pensa qu'il devait se sentir laissé pour compte…
Quelques instants plus tard, Jessica et ses parents avaient amorcé leur plongée. Auréolée de bulles d'air, la jeune fille s'aperçut qu'un groupe de dauphins la suivait. Ils jacassaient à grand renfort de « clics », comme s'ils parlaient d'elle.
Quatre d'entre eux vinrent dans sa direction. Ils progressaient harmonieusement, comme des danseurs. Arrivés tout près, ils inclinèrent la tête et piquèrent vers le fond. Le bec pointé dans le sable, ils ondulèrent un moment, agitant la queue en cadence. Puis ils vinrent l'encercler en une ronde d'honneur. Flattée, Jessica se dit que c'était une jolie façon de lui souhaiter la bienvenue.
Elle reconnut Nébula, Dotti et Cressy, mais ne put identifier le quatrième. Quand ils remontèrent pour respirer, elle les suivit. Ils replongèrent très vite, l'encadrant comme s'ils escortaient quelque précieuse sirène…
Dans cet univers limpide, où tout miroitait et scintillait, l'idée même du danger paraissait

saugrenue. Comment imaginer des naufragés engloutis sous le sable si fin, si blanc ?
Soudain, les cris des cétacés s'amplifièrent. Jessica vira et aperçut Skipper, accompagné par Mary et un autre adulte. Elle nagea à leur rencontre... Soudain, elle s'arrêta, horrifiée. Le delphineau était pris au piège d'un filet de pêche qui l'enserrait tout entier et s'étirait sur plusieurs mètres. Les dauphins vinrent se positionner au-dessus de Jessica. Elle vit alors qu'un gros hameçon s'incrustait dans le flanc du bébé.
La gorge nouée, elle devina que les adultes sollicitaient son aide, ne pouvant pas délivrer leur petit.
« Je vais essayer, pensa-t-elle très fort, espérant qu'ils l'entendraient par télépathie. Ça risque de lui faire un peu mal, mais on va le sortir de là ! »
Elle se contraignit à rester calme afin d'émettre des ondes rassurantes. Il fallait absolument que le delphineau se tienne tranquille pour ne pas s'empêtrer davantage dans sa prison de mailles.

Jessica s'agenouilla sur le sable du fond et commença par le caresser. Il la fixait de son œil rond avec confiance. Elle fit glisser sa main jusqu'à l'endroit où se trouvait l'hameçon.
La peau était profondément entaillée, dévoilant la chair à vif sur deux bons centimètres.
Soudain, les trois dauphins remontèrent vers la surface. Avait-elle gaffé ? Non, ils avaient dû aller respirer ; ils revinrent aussitôt, suivis par les parents de Jessica.
– Ça va ? lui demanda par geste son père.
Jessica lui désigna le delphineau et fit le signe « Besoin urgent d'aide ! ».
Craig examina Skipper, les lèvres serrées, l'air à la fois inquiet et furieux. Il tira son couteau d'un étui fixé à sa jambe gauche. Tandis que Gina filmait la scène, il commença à couper les mailles du filet. Jessica caressait Skipper pour l'apaiser.
Le delphineau poussait de petits cris perçants. Mary lui adressa des « clics » d'encouragement, et il se calma.

Bientôt, le filet fut entièrement dégagé, à part un lambeau accroché à l'hameçon. Craig saisit le crochet et tira en douceur. Le delphineau bondit, tremblant de peur et de douleur. Jessica réussit à le retenir, assistée par les dauphins adultes.
Son père désigna son couteau. Elle hocha la tête et affermit sa prise afin que Craig puisse opérer vite. La lame fouilla dans la plaie du malheureux Skipper qui couinait lamentablement… Enfin, l'hameçon sanguinolent apparut. Craig comprima aussitôt la plaie du plat de la main pour enrayer l'hémorragie. Jessica sentit Skipper se détendre.
Au bout de longues minutes, Craig retira sa main avec précaution. La plaie saignait moins.
Mary vint évaluer les dommages. Du bec, elle explora le corps de son bébé, de la tête à la queue. Puis elle piqua vers Jessica et la regarda au fond des yeux. La jeune fille en eut la chair de poule : le regard de Mary exprimait sa gratitude aussi bien que le plus vibrant des mercis.

Les trois dauphins émirent en chœur une série de petits cris avant de remonter respirer et de s'éloigner.

Le 26 juillet, tard

Quelques jours sans écrire. Je me faisais trop de souci pour Skipper... Enfin, ouf! Il va bien! Aujourd'hui, Mary et lui sont venus nager autour de l'Abeille des mers pour nous faire un petit coucou.

J'ai plongé. Skipper s'est approché pour se frotter contre mes jambes. Il avait envie de câlins. Je ne m'en suis pas privée! J'avais peur que ma présence lui rappelle de mauvais souvenirs et qu'il se méfie de moi, mais il semble avoir compris que je suis son amie. Il se blottissait contre moi comme un gros chaton. C'était trop mignon! J'étais au bord des larmes...

Selon Matt, Mary et Skipper m'ont élue membre honoraire de leur espèce... Rien que d'y repenser, j'ai envie de pleurer! Difficile de mettre des mots sur ce que j'éprouve.

Skipper m'a laissée l'examiner. Sa blessure se referme; il ne devrait garder qu'une petite cicatrice.

Voilà. Il est plus que temps de dormir. Brittany va se lever aux aurores. C'est demain que sa mère avait promis de l'appeler pour lui annoncer la «merveilleuse nouvelle»...

12

– Ah là là ! Quand maman va apprendre que j'ai mon diplôme de plongée ! Elle ne va pas le croire ! Comme elle n'est pas particulièrement sportive, elle s'imagine que je suis pareille !

Brittany posa sa brosse à cheveux et se tourna vers Jessica, occupée à lacer ses baskets.

– Tu sais, poursuivit-elle, quand je prétendais que c'était fastoche, je crânais... J'essayais de me convaincre moi-même. Je ne voulais pas admettre que j'étais terrifiée.

Jessica apprécia la franchise de Brittany. Ce n'était pas évident d'avouer ce genre de choses. Elle lui sourit :

– Et, maintenant, tu adores, hein ?

– Oui. J'ai presque la trouille que maman me demande de rentrer à la maison… Anna a promis de m'emmener à des expéditions de plongée super géniales… Je ne voudrais pas rater ça !

– Je te comprends ! Allez, on monte prendre le petit déjeuner !

– Je suis trop excitée pour manger…

Toutefois, Brittany suivit Jessica au salon. La pièce sentait bon les œufs au bacon, le café et le pain grillé. Affamée, Jessica se précipita à la cuisine pour remplir son plateau, suivie par Sam et Maddie.

En s'asseyant à table, elle remarqua le téléphone mobile posé à côté de l'assiette de Harry. Il venait d'enfourner une bouchée quand le vibreur bourdonna. Brittany bondit.

Harry décrocha :

– Oui… Salut, Gail… Oui, elle est là !

Il passa le téléphone à sa fille. Jessica posa sa fourchette et croisa les doigts :

– Allô ? Maman ! Oh, Maman, je suis si contente de t'entendre ! Tu me manques tant ! Attends un peu que je te raconte tout ce que j'ai fait !

Jessica échangea un coup d'œil complice avec sa propre mère tandis que Brittany dévoilait ses exploits.

– Et maintenant, à toi de me donner des nouvelles ! conclut-elle.

Dans le silence qui suivit, Jessica vit l'expression de Brittany changer. La joie et l'enthousiasme s'effacèrent brutalement sur son visage.

– Qui désire t'épouser ? hurla-t-elle. Jacques ? Tu rigoles ou quoi ? J'espère que tu as refusé… Quoi ? Tu as dit oui ? Non ! Je refuse d'avoir ce crétin pour beau-père ! Il ne vivra pas chez nous. Je ne le supporterai pas… Tu ne peux pas faire ça ! Je t'en empêcherai !

Rouge de colère, Brittany écouta la réponse de sa mère. Soudain, elle repoussa sa chaise et hurla :

– NON ! Vous n'avez pas le droit ! Tu bousilles ma vie !

Alarmé, Harry se leva pour rejoindre sa fille. Pâle comme une morte, Brittany lui tendit le portable :

– Dis-lui, toi ! Dis-lui qu'elle ne doit pas se marier ! Qu'elle doit rentrer s'occuper de moi.

Harry colla le combiné à son oreille :

– Gail ? Il faut qu'on parle…

L'air stupéfait, il éloigna le téléphone et le contempla, incrédule :

– Elle a raccroché !

Le regard vide, Brittany semblait sur le point de perdre connaissance. Jessica allait se précipiter pour la soutenir quand la jeune fille se rua vers l'écoutille. Harry la devança, lui bloquant le passage.

– Je veux sortir d'ici ! Laisse-moi passer ! cria-t-elle.

– Non, chérie, il faut te calmer. Tu as eu un choc. Je vais rappeler ta mère et discuter avec elle. Ensuite, promis, on mettra les choses au clair, toi et moi.

Brittany dévisagea son père. Elle hocha la tête, pivota sur ses talons et sortit en trombe. Un instant plus tard, Jessica entendit claquer la porte de leur cabine.

Le 27 juillet, fin de matinée

L'horreur! B. ne veut parler à personne. J'ai tout essayé. Elle s'est enfermée à clé dans «sa» cabine (= la mienne!)

Harry a rappelé son ex-femme. Elle lui a confirmé qu'elle comptait se marier au printemps prochain, et que B. devait assister au mariage, à Paris. Elle espérait que, d'ici là,

1) «sa» fille aurait retrouvé ses esprits;

2) «ils» auraient acheté une maison et inscrit B. dans une école parisienne.

En attendant, elle préfère ne pas avoir B. dans les pattes... de peur, sans doute, qu'elle arrache les yeux à son fiancé!

Elle a ajouté que si Harry ne pouvait garder sa fille à bord de l'Étoile bleue, elle lui trouverait un bon pensionnat.

C'est dur pour Brittany! Et pour moi aussi. Je vais me la payer jusqu'au printemps! OK. elle devenait presque sympa... Mais si elle reste avec nous contre son gré après les vacances, bonjour le cauchemar!

Harry n'est pas très chaud pour le pensionnat. Même si B. le traite mal, il préfère la garder près de lui.

Il en a discuté avec papa et maman. Ils se sont mis d'accord. En septembre, les jumeaux et moi reprenons notre scolarité à bord (avec l'aide de Maddie et d'Internet). B. pourrait en faire autant. Ce qui m'a sciée, c'est quand maman a ajouté que ce serait merveilleux pour moi d'avoir une «amie de mon âge»! Je sais bien qu'elle tentait de réconforter Harry, mais quand même!

Au lieu d'abréger son prénom par «B.», je devrais écrire «Brrrrr»!

Réfugiée sur le pont arrière, Jessica se confiait à son journal. Un bruit de pas lui fit lever la tête. Voyant Brittany émerger de l'entrepont, elle se crispa. Mais la jeune fille ne lui prêta aucune attention. Bien qu'elle se soit maquillée, on voyait qu'elle avait pleuré. Sous le regard étonné de Jessica, elle quitta le bateau et s'éloigna sur le quai, le dos raide, sans se retourner. Où allait-elle ? À la brasserie ? Faire une course pour son père ? À l'école de plongée ? En ce cas, pourquoi le maquillage ? Quelque chose clochait là-dedans ! Que faire ?

Jessica se doutait que Brittany serait folle de rage si elle la suivait, mais elle avait l'intuition qu'elle devait le faire. Elle glissa son journal dans un coffre à cordages et sauta sur le quai.

Pour la première fois depuis des semaines, le temps n'était pas au beau. Des nuages voilaient le ciel, chahutés par des bourrasques de vent chaud. « Des conditions idéales pour naviguer, songea la jeune fille. Le voilier filerait bon train, et ce serait plus excitant que de rester au port dans cette atmosphère pesante... »

Brittany avait disparu. Où chercher ? Jessica s'arrêta pour réfléchir et c'est alors qu'elle repéra l'*Ouragan*.

Depuis la jetée, Jay lançait à Marc et aux filles des sacs de vivres et de boissons. Jessica allait s'éloigner, quand elle se rendit compte qu'il n'y avait pas deux, mais trois filles à bord. Brittany était avec eux !

– Hé, Brittany, ta copine est là ! s'écria Jay.

– Ce n'est pas ma copine ! Qu'est-ce que tu me veux encore ? râla Brittany.

– Je parie qu'elle veut nous aider à chercher le trésor, persifla Ally. On se bouscule, ma parole ! Désolée, ma vieille, tu n'as qu'à te dénicher une autre épave. Nous, on ne partage pas !

– Je me fiche de ça ! s'énerva Jessica. Je venais voir Brittany.

– Eh bien, tu m'as vue, alors dégage !

– S'il te plaît, on doit parler !

Jay sauta à bord :

– Allez, on se tire !

– Une seconde ! Brittany, ton père sait où tu es ? Il t'a permis d'accompagner ces types ?

– Je fais ce qui me plaît. Tout le monde se fiche de moi.

– Ce n'est pas vrai ! cria Jessica.

Mais le rugissement du moteur couvrit sa voix. Brittany se pencha à l'oreille d'Ally et, quand l'*Ouragan* quitta le quai, la blonde agita la main d'un air moqueur. Désemparée, Jessica ne put que les regarder s'éloigner.

En regagnant l'*Étoile bleue*, elle se demandait que faire. Elle n'avait pas envie de cafter ; d'ailleurs, Harry était peut-être au courant. L'autre jour, il avait rencontré les filles de l'*Ouragan* et autorisé Brittany à les accompagner à Freeport. Elle fut tirée de ses pensées par une voix familière :

– Ohé, Jessica !

Levant la tête, elle reconnut les voiles jaunes de l'*Abeille des mers*. Matt et Adam manœuvraient pour regagner leur place. Sitôt le catamaran amarré, Jessica demanda :

– Vous rentrez déjà ? Je croyais que vous passiez la journée à observer les dauphins ?

– Pas avec ce qui se prépare, répondit Matt.

– Pourquoi ? Cette brise est parfaite pour une sortie en mer, non ?

– Pour l'instant, oui. On a battu des records de vitesse. Mais tu n'as pas entendu les prévisions météo ? D'ailleurs, l'*Étoile bleue* est restée au port. Harry a dû capter lui aussi le message d'alerte.

Jessica pâlit :

– Le message d'alerte ?

– Les marins sont priés de se mettre à l'abri. Un violent orage tropical menace, avec des vents qui risquent de souffler à plus de 200 km/heure. Aucune personne sensée ne sortirait en mer aujourd'hui !

13

Il n'y avait pas une minute à perdre ! Sous le regard médusé de Matt, Jessica partit au galop en criant par-dessus son épaule :

– Je dois y aller !

Elle rejoignit l'*Étoile bleue* à toute allure et fila vers l'entrepont. Sam était seul au salon. Il feuilletait un magazine en écoutant de la musique reggae à la radio.

– Où est Harry ? haleta Jessica.

– Dans sa cabine, j'imagine. Nous n'avons pas les mêmes goûts musicaux, tu vois…

Il lui souriait, insouciant.

Jessica se rua vers la cabine du capitaine et frappa du poing à la porte :

– Harry ? Vous êtes là ?

– Entre !

Le capitaine jouait aux échecs sur son ordinateur. Il fronça les sourcils :

– Un problème ?

– Je viens de voir Brittany à bord de l'*Ouragan*, souffla-t-elle. Ils partaient à la chasse au trésor. Ils ne semblaient pas se douter qu'un orage approche.

Harry bondit.

– Ces jeunes fous ! s'exclama-t-il. Il y a combien de temps de ça ?

– Euh… dix minutes… un quart d'heure ! J'aurais pu revenir plus vite mais j'ai croisé Matt. Désolée… J'ignorais tout de l'orage avant que Matt m'en parle.

– Ne t'inquiète pas, ce n'est pas ta faute. Viens ! On va établir un contact radio avec l'*Ouragan*. Je les sommerai de faire demi-tour.

L'émetteur-récepteur du voilier restait branché en permanence dans la petite salle de contrôle. Indispensable pour communiquer avec les autres bateaux, ce contact devenait vital pour émettre ou capter un signal de détresse.

Toutefois, malgré de nombreuses tentatives, Harry ne parvint pas à joindre l'*Ouragan*. Excédé, il cogna du poing sur la table :

– Je parie qu'ils ont coupé la radio ! Ce genre d'individu ne devrait pas être autorisé à louer un bateau. Bande d'irresponsables ! Ils n'ont pas la moindre idée des dangers de la mer.

Harry lança un appel pour alerter la police et les garde-côtes.

– J'imagine que tu ne connais pas leur destination ? demanda-t-il à Jessica sans trop d'espoir.

– Si ! Ils cherchent l'épave de l'*Elvira*. Je parie qu'ils sont retournés dans la baie où on a fait de la plongée l'autre fois.

Harry se redressa sur son siège :

– Au moins, je sais où les trouver !

– Vous allez les rejoindre ?

– D'une façon ou d'une autre, tonna Harry.

Si c'était mon bateau, je n'hésiterais pas. Mais si ton père ne veut pas faire courir de risques à l'*Étoile bleue*, je louerai ou emprunterai une autre embarcation. Ma fille est là-bas. Je dois la ramener !

– Je vous y aiderai !

Surprise, Jessica fit volte-face et découvrit son père et Matt dans l'encadrement de la porte. Visiblement, ils avaient tout entendu.

– On prendra l'*Abeille des mers*, poursuivit Matt.

Il leva la main, coupant court aux objections de Craig et Harry.

– Le catamaran offre une meilleure stabilité par temps agité. En outre, son moteur est plus puissant, et je ne suis pas sûr qu'on puisse naviguer à la voile. Sans compter que je connais le coin comme ma poche et qu'on peut appareiller sur-le-champ.

– Alors, allons-y ! Merci, dit Harry, la voix rauque d'émotion.

Averti, Sam décida de se joindre à l'expédition. Craig se tourna vers Jessica :

– Ta mère a emmené les jumeaux au parc

d'attractions. Dès qu'elle reviendra, dis-lui…
– Je veux venir aussi ! s'écria Jessica en adressant à son père un regard suppliant. Je ne peux m'empêcher de penser que j'aurais dû retenir Brittany… Je t'en prie, laisse-moi vous donner un coup de main !
Craig hésita, puis acquiesça :
– D'accord. Je préviens Maddie. Avec un peu de chance, on sera rentrés avant ta mère.
Jessica soupira de soulagement. Bien qu'elle ait tenté de minimiser ses griefs dans les pages de son journal, elle redoutait que Brittany en ait lu des passages et se soit sentie plus indésirable que jamais.
L'*Abeille des mers* quitta le quai de Port Lucaya avec cinq membres d'équipage. Par chance, le vent, déjà violent, soufflait dans la bonne direction. Le catamaran semblait voler sur la crête des vagues. Cramponnée au bastingage, Jessica scrutait l'horizon, impatiente d'apercevoir l'*Ouragan*. Elle se demandait si Brittany, sujette au mal de mer, ne regrettait pas déjà son coup de tête.
Au sud et à l'ouest, le ciel était rouge

sombre. Des éclairs cisaillaient la couche de nuages. Heureusement, ils filaient vers le nord, où l'horizon était moins sombre. Peut-être allaient-ils éviter la tempête…

Jessica songea que le trajet paraissait infiniment plus long que lorsqu'ils voguaient sous le soleil. Trempée, elle mâchait un chewing-gum offert par Sam pour aider son estomac à supporter le roulis. Les vagues étaient si fortes qu'elle était incapable de se rendre compte s'il pleuvait ou non !

– Le voilà ! cria Harry.

Jessica cligna des yeux pour repérer le hors-bord. Comme il semblait petit et vulnérable sur la mer démontée ! Une coquille de noix… Son cœur se serra.

– Il s'enfonce ! lança Craig, alarmé.

Harry s'empara du porte-voix :

– Ohé, l'*Ouragan* ! Ohé ! Branchez votre radio !

En approchant, ils ne virent personne sur le pont. Jessica, épouvantée, pensa un instant qu'ils arrivaient trop tard.

Puis un couple en ciré apparut, portant des

seaux en plastique, qu'ils vidèrent par-dessus bord.
– Ohé ! reprit Harry. Des problèmes ?
Marc leva son porte-voix :
– Le système de pompage est en panne. On a de l'eau jusqu'aux chevilles. Auriez-vous une pompe de secours ?
Harry regarda Matt, qui secoua la tête.
– Dites-leur d'essayer de la relancer, suggéra Sam. Elle est peut-être simplement bloquée.
– Je demande l'autorisation d'approcher et d'aborder, cria Harry. On va réparer votre pompe.
Marc hésita, mais Jay lui arracha le porte-voix :
– On n'a pas besoin d'aide ! Arrière toute, l'*Abeille* !
– Branchez la radio ! répéta Harry. La météo a lancé un message d'alerte. Un orage tropical menace. Tous les bateaux doivent rentrer au port.
– Je n'ai pas peur ! répliqua Jay. On va passer à travers. Ce bateau en a vu d'autres. T'inquiète, Pépé !

Harry se raidit :
– On prévoit des vents à plus de 200 km/heure. C'est plus qu'une tempête, c'est un ouragan !
– Vous nous prenez pour des cons ? répliqua grossièrement Jay. Ce n'est pas encore la saison !
Pendant qu'il parlait, Ally et Brittany vinrent déverser des seaux par-dessus bord. En apercevant l'*Abeille des mers*, Brittany poussa un cri. Elle agrippa Jay par le bras. Il tenta de la repousser, puis, reprenant le porte-voix, il cria :
– Vous feriez bien de récupérer cette poule mouillée. Vous avez réussi à lui filer la trouille, gros malin !
Harry se tourna vers Matt, Craig et Sam, qui attendaient ses ordres.
– Ça va être risqué d'aborder…
– Affalons les voiles, décida Matt.
Les trois hommes s'activèrent.
– Brittany, as-tu un gilet de sauvetage ? demanda Harry.
Depuis l'autre bateau, Brittany hocha la tête

et entrouvrit son ciré pour montrer qu'elle était parée.

– Bien, ma fille ! On va s'approcher le plus possible mais tu devras effectuer un numéro d'équilibriste. Concentre-toi. Surtout, pas de panique, je te ramènerai saine et sauve. Y a-t-il quelqu'un d'autre à bord qui veuille quitter le bateau ?

Brittany se retourna vers la cabine en criant :

– Ally ! Heather ! Venez avec moi ! On est en danger, ici !

La tignasse rousse de Heather apparut :

– À l'aide ! L'eau monte !

Ally et Marc s'engouffrèrent aussitôt dans l'écoutille.

14

Sam mit le moteur en marche et Matt manœuvra pour amener l'*Abeille des mers* contre l'*Ouragan*. Passant le porte-voix à Craig, Harry passa une jambe de l'autre côté du bastingage.

Jessica se mordit la lèvre. Il se trouvait en dangereuse posture. Elle revit le jour de tempête où elle était passée par-dessus bord…

– Tiens-toi prête, mon cœur ! cria Harry. À mon signal, tu te pencheras vers moi.

Déstabilisé par une déferlante, le catamaran

fit une brusque embardée. Harry vacilla, mais il tint bon. Les dents serrés, Matt marmonnait, cramponné à la barre, s'efforçant d'optimiser la manœuvre.

– Maintenant ! aboya Harry.

Le pied calé entre deux cordages, il se pencha, les bras tendus. Brittany enjamba le bord de l'*Ouragan* au moment précis où une vague le soulevait. L'écart entre les bateaux s'accentua. L'espace d'un instant, Jessica crut qu'elle allait couler à pic. Mais Harry parvint à attraper sa fille, qu'il balança sur le pont de l'*Abeille des mers*. Brittany éclata en sanglots.

Harry lui tapota l'épaule d'un geste gauche, puis il se tourna vers Jessica :

– Tu veux bien t'occuper d'elle ? On ne peut pas laisser sombrer ces imbéciles !

À la stupeur de Jessica, il retourna sur son perchoir et sauta sur l'autre bateau. On entendit le bruit de sa chute, suivi par un juron de Jay.

– Papa ! hurla Brittany.

Jessica la retint. Elles virent Harry se diriger

vers la cale, en dépit des protestations de Jay.

– Si personne ne répare cette pompe, votre hors-bord va sombrer, expliqua Sam.

– Il est peut-être déjà trop tard ! souffla Matt, qui s'arc-boutait sur la barre, essayant de maintenir les deux embarcations côte à côte.

Les vagues enflaient sans cesse. Jessica avait l'impression qu'on lui déversait des seaux d'eau salée sur la tête.

– Les filles, allez vous mettre à l'abri en bas ! lança Craig.

– Pas sans mon papa ! gémit Brittany avec une voix de petite fille.

Craig n'insista pas. Jessica remarqua la pâleur et les traits tirés de son père. Elle comprit qu'il avait peur, et en fut épouvantée. Et s'il était effectivement trop tard ? Pas seulement pour l'*Ouragan*, mais pour eux tous ?

L'*Abeille des mers* piqua du nez. Jessica sentit son estomac se retourner. La mer les souleva sur la crête d'une vague monstrueuse tandis que l'*Ouragan* s'enfonçait. La lame suivante remit les deux bateaux au même niveau. Le catamaran retrouva son équilibre, mais le hors-bord ballottait toujours. Sous les yeux horrifiés de Jessica, il commença à sombrer.

Des hurlements de frayeur s'élevèrent. Jessica et Brittany, cramponnées l'une à l'autre, se penchèrent, cherchant désespérément à apercevoir Harry.

– Ohé, l'*Ouragan* ! hurla Sam. Abandonnez le navire !

Matt approcha encore le catamaran du hors-bord ; les deux coques crissèrent.

– Trouve des cordes et des gilets de sauvetage ! lança-t-il à Craig. Ces crétins n'en ont pas !

– Pas de panique ! répondit en écho la voix de Harry. On est tous saufs. Aidez-nous à nous hisser à bord, un à un.

– Je peux faire quelque chose ? demanda Jessica à son père.

– Je ne crois pas. Brittany et toi, prenez soin de vous et laissez le champ libre.

Jessica obtempéra. Ça la rendait malade de se sentir impuissante. À chaque vague, l'*Ouragan* s'enfonçait davantage. Les jeunes gens, hurlant de peur, s'accrochaient à tout ce qui leur tombait sous la main. Seul Harry, de l'eau jusqu'à la taille, gardait son calme.

« Quel courage ! » pensa Jessica avec admiration. Elle-même claquait des dents. Son père, revêtu d'un gilet de sauvetage, noua un cordage autour de sa taille et se percha sur le bastingage. Sam maintenait fermement la corde pour l'empêcher de sombrer avec ceux qu'il tentait de sauver.

Ally fut la première personne hissée à bord. Ses longs cheveux blonds trempés, elle avait le regard vide et tremblait de tous ses membres. Heather suivit, dans le même état. Soudain, Craig perdit l'équilibre et faillit tomber à la mer. Jessica hurla. Matt se précipita pour aider son ami à hisser Marc, plus lourd que les filles, et Jay, le dernier membre de l'équipage de l'*Ouragan* à quitter le bateau. Ensuite, Harry accepta la main tendue de Craig, et sauta sur le pont au moment où le hors-bord sombrait. Rouge et hors d'haleine, il sourit à Brittany. Elle se jeta dans ses bras.

– Oh ! Papa, Papa ! J'ai eu si peur !

– Moi aussi, ma chérie, avoua-t-il. J'étais mort de trouille ! Mais tout va bien. Tout va bien.

– Sam, viens m'aider ! ordonna Matt. Il faut partir d'ici. Les autres, en bas !

Jessica trouva des serviettes dans un placard et les distribua à ses compagnons. Elle était obsédée par la pensée de l'*Ouragan* englouti. Ça s'était passé si vite ! Et s'il leur arrivait la même chose ? C'était horrible d'être enfermé là-dedans…

Soudain un bruit assourdissant retentit dehors, et le bateau tout entier fut secoué avec violence. Jessica poussa un cri. Son père l'entoura de son bras.

– J'ai comme l'impression que le mât est tombé ! déclara Harry. Pourvu qu'il ne bloque pas l'écoutille.

Il alla jeter un coup d'œil et revint les

rassurer : la chute du mât n'avait rien endommagé. L'orage s'éloignait.

Quelques instants plus tard, Matt avait lancé le moteur et repris la barre. Le catamaran regagnait enfin son bercail !

Le 28 juillet, tard le soir

Incroyable! Quelle bande de minables! À part Heather, qui nous a embrassés pour nous remercier, ceux de l'Ouragan n'ont pas cessé de râler. Marc, parce qu'il n'y avait pas de bière sur le catamaran de Matt. Jay, parce que la compagnie lui avait loué un bateau défectueux. Bien sûr, rien n'était de leur faute! Quand je pense que papa, Harry et Matt ont risqué leur vie pour eux!

Enfin, on ne devrait plus les voir. Bon débarras!

Brittany n'est plus la même. Elle s'est excusée un milliard de fois de nous avoir causé tous ces problèmes. Pâle et triste, elle erre comme un pauvre petit fantôme. Incapable de tenir en place, elle suit son père, Maddie, maman ou... moi! C'est ça, le pire! Elle veut absolument être gentille sous prétexte que je lui ai sauvé la vie. J'ai beau lui dire que ce sont Harry et Matt, elle insiste: si je ne l'avais pas suivie, elle aurait sombré. Ils se seraient tous noyés, etc, etc.

Je regrette presque l'ancienne Brittany, égoïste et agressive. Un comble!

15

Le lendemain, Matt arriva avec un couple de jeunes gens, grands et blonds, qui se ressemblaient beaucoup.

– Je vous présente mes amis, Alex et Ismay Collins.

– Vous êtes les chasseurs de trésors ? s'exclama Jessica.

Alex sourit :

– Oui… en quelque sorte. Des chasseurs sans gibier, pour l'instant. Aussi, on a décidé de changer d'activité aujourd'hui. Un job mieux rémunéré ! Le propriétaire de l'*Ouragan* nous a engagés pour retrouver l'épave, la remonter, si possible, et constituer un dossier pour la compagnie d'assurances.

– Et puisque vous l'avez tous vu sombrer, poursuivit Matt, je me suis dit que vous pourriez aider Alex et Ismay à le localiser. Impossible pour moi de les accompagner ; je dois réparer le catamaran.

– Parce que Jay et ses copains ne vont pas participer aux recherches ? s'étonna Brittany.

Ismay fit la grimace :

– Penses-tu ! Ils ont préféré abréger leurs vacances. Ils ont filé par le premier vol pour éviter d'avoir à s'expliquer…

– Les lâches…, marmonna Brittany.

– Qu'attendez-vous de nous exactement ? demanda Craig. Je veux dire… Matt pourrait vous montrer l'endroit sur une carte, et…

– Exact, dit Alex, ça suffirait sans doute. Mais la tempête a duré. Le bateau a pu se briser, le sable a été retourné… Plus on sera nombreux à chercher, mieux ce sera…

Le pouls de Jessica s'accéléra :

– Alors, on va plonger avec vous ?

– Seulement si ça vous tente ! s'empressa de répondre Ismay, embarrassée. J'ai cru comprendre que le bateau a sombré dans une zone que vous avez déjà explorée. L'eau y est peu profonde et la visibilité est bonne aujourd'hui… Bien sûr, c'est beaucoup vous demander, surtout qu'on n'a pas les moyens de vous payer !

Craig éclata de rire :

– À mon avis, Jessica serait prête à vous payer pour venir avec vous ! Merci de l'invitation. On accepte avec un immense plaisir !

16

Craig, Gina, Jessica et Brittany rassemblèrent sans tarder leur équipement. Harry proposa de donner un coup de main à bord. Les jumeaux, déçus de rester avec Maddie et Sam, firent promettre à leurs parents de tout leur raconter.

– Je vais emporter la caméra, décida Craig. Comme ça, si on déniche un bateau de pirates, on tournera la toute première vidéo de trésor !

Quelques instants plus tard, la petite troupe de sauveteurs se trouvait à bord du *Nouveau chasseur de trésors*. C'était un bateau de sauvetage robuste et rapide. Quand ils parvinrent sur les lieux du naufrage et qu'Alex jeta l'ancre, Brittany regarda autour d'elle, étonnée :

– C'est là ?

Jessica comprit qu'elle avait gardé le souvenir de la mer démontée. Sous le soleil éclatant, l'eau redevenue limpide laissait apparaître des fonds paisibles. Et pourtant, tout avait été remué de fond en comble la veille !

Ils repérèrent sur le sable blanc des bouteilles de bière, un seau en plastique rouge, le couvercle d'une glacière… Mais pas le hors-bord. Soudain, Brittany se mit à trembler et à claquer des dents. Son père la regardait, inquiet.

– Tu devrais rester à bord avec moi, chérie.

Crispée, elle fixait l'eau :

– Non, je veux plonger. L'idée de découvrir le bateau là, au fond, me terrifie, mais je dois y aller.

– À toi de décider ! céda Harry.

Ils se répartirent par paires : Jessica et Craig ; Gina et Brittany.

– Je resterai près de toi, promit Gina à la jeune fille. Si tu te sens mal ou fatiguée, préviens-moi. On remontera aussitôt.

Jessica constata avec surprise que Brittany était heureuse de cette proposition.

Elle dit d'un ton timide en rougissant :

– Oh, merci… Tante Gina !

Une fois dans l'eau, Jessica se mit à nager en cercle par trois mètres de fond tandis que son père, chargé de la caméra, évoluait plus lentement. « Étrange que tout soit si paisible ! » songea-t-elle. Tout à coup, elle repéra un groupe de dauphins. Elle nagea vers eux. Deux d'entre eux se détachèrent — un adulte et un delphineau. Stupéfaite, elle reconnut Mary et Skipper ! Le bébé vint se frotter contre elle, et Mary la salua d'une série de « clics ». Puis elle s'éloigna, revint tourner autour de Jessica et repartit dans la même direction. Elle semblait inviter la jeune fille à la suivre.

Jessica chercha son père des yeux. Il avait

remarqué le manège des dauphins et les suivait en filmant. Elle tendit le bras pour lui indiquer qu'elle allait suivre Mary ; il répondit par le signe « OK ».

Un moment, elle se demanda si Mary ne l'emmenait pas au secours d'un autre dauphin en danger. Elle se rassura en constatant que l'animal ne semblait pas inquiet.

Elles descendirent plus bas, suivies de Skipper, et rejoignirent le groupe de dauphins. Tous avaient le bec pointé dans le sable. Jessica plissa les yeux : elle distingua la coque d'un bateau. Oui ! Une épave !

Excitée à la perspective d'être la première à avoir repéré l'*Ouragan*, elle se propulsa. Mais ce qu'elle vit n'avait rien de commun avec le hors-bord. Son séjour au fond de l'eau ne pouvait l'avoir modifié à ce point !

Ce n'est qu'en posant la main contre la coque qu'elle comprit. Du bois ! L'épave était très ancienne.

Pendant ce temps, Alex et Ismay avaient retrouvé le hors-bord, en bon état. Ils n'avaient plus qu'à le hisser à la surface afin de le remorquer jusqu'au port. Mais, quand Jessica revint et leur fit part de sa passionnante découverte, ils modifièrent aussitôt leurs plans, décidant que l'*Ouragan* pouvait attendre un peu.

– Il doit s'agir de l'*Elvira* ! s'écria Ismay.

– Ou d'un autre bateau échoué, la reprit Alex. Dire que j'ai plongé ici des centaines de fois sans rien trouver !

– On va bénir la tempête ! rit Ismay.

– Ce sont les dauphins qu'il faut remercier, précisa Jessica. Ils m'ont littéralement traînée là-bas !

– Tant mieux ! se réjouit Alex. Bon, vous autres, vous avez envie de vous reposer ou vous êtes partants pour la chasse au trésor ?

– La chasse au trésor ! cria Jessica.

– Moi aussi ! dit Brittany.

– D'accord pour une autre plongée, sourit Craig. Quoiqu'un répit serait bienvenu !

– Une heure de pause, recommanda Gina. Si on est trop fatigués et trop excités on risque de faire des bêtises.

– Approuvé, conclut Alex. Après tout, on a déjà gagné notre journée. Et tant mieux si on déniche deux ou trois bricoles en plus.

17

Alex amena son bateau plus près de l'endroit où se situait l'épave ancienne. Pendant le trajet, Gina recommanda aux filles de se montrer prudentes :

– Regardez où vous mettez les mains. Les anguilles nichent souvent dans les épaves. Dérangées, elles mordent !

– Anna m'a signalé l'existence de poissons camouflés, très venimeux, renchérit Brittany. Ne vous faites pas de souci, Tante Gina. Je ne touche que de l'or !

– Eh, pourquoi pas ? rit Gina.

– Aujourd'hui est décrété jour de chance ! déclara Alex.
Il leur remit des gants et des sacs pour collecter leurs trouvailles. Ils plongèrent, et chacun partit dans son coin. Jessica clignait des yeux, dans l'espoir de voir briller un objet précieux. Mais elle ne tombait que sur du sable ou des algues. Autour d'elle, les sacs se remplissaient. Elle vit Brittany ramasser ce qui ressemblait à de petits galets. Vexée d'être la seule à ne rien trouver, elle tenta de se consoler en se répétant que c'était elle qui avait repéré l'épave. À cet instant, Mary et Skipper vinrent la rejoindre. Elle avait failli les oublier ! Elle décida de jouer avec eux et suivit Mary quand celle-ci s'éloigna. Le dauphin piqua vers le fond, enfouit son bec dans le sable et resta planté là, agitant la queue. Un jeu ? Jessica tendit la main… Ses doigts effleurèrent un objet dur et plat. Elle s'en saisit : c'était un disque en métal noirci, à peine plus grand que sa paume. Enfin, elle avait trouvé quelque chose !

Son enthousiasme dura peu. L'objet n'avait rien de précieux : sans doute une pièce de machine, qui pouvait provenir de n'importe quel bateau ! Elle faillit le rejeter, mais y renonça. À la réflexion, autant dépolluer !
Déjà, Gina donnait le signal de remonter. Déçue, Jessica fit un dernier câlin à ses amis dauphins et regagna le bateau.

– Alors ? Combien de pièces d'or ? lança Alex.
– Euh… aucune ! firent les chasseurs de trésors d'une seule voix.
Déçus par leurs piètres trouvailles, ils prirent le temps de se désaltérer avant d'ouvrir leurs sacs.
Ismay en sortit deux grands disques de métal vert-de-grisé.
– C'est quoi ? demanda Brittany.
– Des assiettes, je suppose, en étain.
Ismay frotta le bord de l'une d'elles. Les yeux brillants, elle l'exhiba. Le nom du bateau y apparut, gravé.
– L'*Elvira* ! Bingo ! s'écria Jessica.

– Enfin ! soupira Alex. Après tant d'années ! Je vais en aviser le gouvernement pour obtenir une licence et fouiller vite, avant que l'épave ne soit déplacée ou ensevelie. Il nous faudra engager d'autres plongeurs : la mauvaise saison approche.
– Je pourrais vous aider ? s'écria Brittany.
– Ma foi, si Craig et Gina sont d'accord…
– Je compte rester ici une semaine ou deux, dit Craig. J'ai proposé à Matt de lui prêter l'*Étoile bleue* pendant que son bateau est en réparation. Ce serait injuste que sa saison touristique soit compromise !
– D'ailleurs, il y a des tas de dauphins par ici, ajouta Gina. On peut faire coup double : les dauphins et le trésor !
– À propos, qu'avez-vous rapporté ? demanda Alex.
Gina exhiba des couverts noircis.
– L'argenterie ! Elle a besoin d'un sérieux nettoyage !
– On a dû explorer la salle à manger, annonça Craig en montrant deux vieilles bouteilles et une coupe.

– Une bouteille, moi aussi, dit Brittany. Et ceci !

Ouvrant la main, elle dévoila un collier de perles bleues.

– Magnifique ! la félicita Ismay. Il s'agit peut-être d'un rosaire. Difficile à dire tant qu'on ne l'a pas décapé. En tout cas, il est très joli ! Bravo ! Et toi, Jessica ?

– Rien.

– Rien du tout ?

– Oh, sans doute un rouage de machine, fit-elle, désappointée.

– Montre !

Alex s'approcha du disque qu'elle venait de sortir de son sac. Il prit l'objet en main et siffla.

– Waouh ! Mais c'est une pièce de musée, ma parole ! Un astrolabe…

– Heu, tu pourrais expliquer aux ignorants que nous sommes ? demanda Craig.

– Il s'agit d'un instrument de navigation très ancien, qui fonctionnait un peu comme un cadran solaire. Il indiquait la hauteur des astres, soleil ou étoiles, par rapport à l'ho-

rizon. Ainsi, les marins avaient une idée de l'heure et de leur position.
Jessica l'écoutait, bouche bée :
– Alors, ça a un intérêt !
– Tu parles ! À ma connaissance, il n'en existe pas beaucoup au monde ! Attends un peu qu'on brique cette petite merveille, et tu verras !

Le 7 août,

Le sept porte bonheur ! Aujourd'hui, Alex et Ismay ont déniché le butin des pirates ! Une vraie caverne d'Ali Baba : des bijoux, des pièces d'or et d'argent, des lingots... Les jumeaux ne se sentent plus : papa leur a remis à chacun une pièce de huit. On a tous eu le droit de conserver un objet.

Alex et Ismay seront riches ! Ils ont proposé de cofinancer le projet Planète Cétacés. On en a discuté et, finalement, on a trouvé mieux. Le trésor était ici, et c'est ici que Matt fait ses recherches. Il a davantage besoin d'argent que nous, et ce sont quand même nos amis dauphins qui en profiteront!

L'Abeille des mers est de nouveau d'attaque pour reprendre la mer. On repart bientôt. Ce soir, je vais nager une dernière fois avec Mary, Skipper et les autres.

Une dernière fois? Non! Peu importe combien de dauphins je vais encore rencontrer. Ils resteront toujours, toujours, dans ma tête, dans mon coeur. Ils font partie de ma vie.

FIN

EXTRAIT

Et voici une autre aventure
de Jessica et l'équipage de l'*Étoile bleue*
dans

UNE NAISSANCE DIFFICILE

SPÉCIAL DAUPHINS
S.O.S. ANIMAUX

EXTRAIT

7

Très tôt, le 22 août

Il fait encore nuit noire. J'ai été réveillée par le Dr Taylor, qui traînait les pieds dans la coursive. Impossible de me rendormir!

Brittany ronfle dans sa couchette. Ces jours-ci, elle devient plus sympa! Elle commence à s'intéresser vraiment aux dauphins. Qui sait? On finira peut-être par devenir amies? Sauf que je devrai faire gaffe. Elle se vexe pour un rien! Elle a autant le sens de l'humour que le Dr Taylor...

EXTRAIT

Jessica regarda sa montre. Il était très tôt, mais elle avait faim. Elle s'habilla sans bruit et se faufila hors de la cabine.

En arrivant au salon, elle eut la surprise d'y trouver sa mère. Surprise qui vira à la panique quand elle s'aperçut que Gina pleurait.

– Qu'est-ce qui t'arrive, Maman ?

– Rien, chaton. J'étais au téléphone avec Tante Maria… C'est juste l'émotion.

– Comment va-t-elle ?

– Elle est…

Gina se mordit la lèvre.

– Maria est enceinte !

– Super ! s'écria Jessica, avant de s'apercevoir que sa mère ne partageait pas son enthousiasme. Qu'est-ce qu'il y a ? Tu n'es pas contente ?

– Bien sûr que je suis heureuse pour Maria ! Mais… Tu vois, elle a déjà été enceinte et… Enfin, à chaque fois, elle a fait une fausse-couche au bout de trois mois !

– Je ne savais pas, murmura Jessica.

Elle se sentait triste pour sa tante, et un peu vexée qu'on lui ait caché ça. Gina dut le deviner, car elle lui prit la main en ajoutant :
– Tu étais encore très petite. Maria n'avait pas très envie qu'on en parle… En tout cas, ça explique son silence. Elle ne voulait pas m'inquiéter. Là, son médecin vient de lui annoncer que sa grossesse se passait normalement. Dans son cas, les premières semaines sont décisives. Le bébé devrait naître au printemps. D'ici un mois ou deux, on sera plus tranquilles…
Gina soupira, puis demanda :
– Et toi, que fais-tu debout à cette heure ?
– Impossible de dormir ! Je pensais à Bella, Misty, Évie… Dire qu'aujourd'hui, peut-être…
– Moi aussi, je suis un peu nerveuse. Pour Bella, ça peut arriver d'un jour à l'autre… Pour rien au monde, je ne voudrais rater ça ! Au premier coup de fil, on file !
Gina rit de son jeu de mots.

EXTRAIT

– Sans attendre la navette ! renchérit Jessica.

– Ça dépendra de l'heure. Les bébés ont la curieuse habitude de débarquer à l'improviste… de préférence en pleine nuit, ou à l'aube !

– À l'aube ? C'est maintenant !

– Charlotte a promis de nous prévenir, lui rappela sa mère.

– Oh là là, ça me donne des fourmis dans les jambes !

– Je te comprends ! Comme tu es prête, grignote quelque chose et vas-y, si tu veux. Je m'habille et je te rejoins là-bas.

– Oh, merci, Maman !

Jessica embrassa sa mère et courut à la cuisine. Elle se prépara en vitesse un sandwich à manger en route.

EXTRAIT

Découvre vite la suite de cette histoire
dans

UNE NAISSANCE DIFFICILE

N° 504 de la série

SPÉCIAL DAUPHINS
S.O.S. ANIMAUX

SPÉCIAL DAUPHINS
S.O.S. ANIMAUX

501. Une belle amitié
502. Une histoire d'amour
503. Une chasse au trésor
504. Une naissance difficile
505. Prisonniers
506. Le fleuve enchanté
507. Un nouveau défi
508. Le prince des mers
509. Disparitions mystérieuses

Imprimé en R.F.A par Clausen & Bosse
N° d'Editeur: 7193

ÉCRIS-NOUS !

Si tu as envie

de nous parler de ta passion
pour les dauphins,

si tu veux

nous poser des questions
sur l'auteur et ses romans,
ou tout simplement nous dire
quels sont tes animaux préférés,

n'hésite pas à nous écrire !

Attention !

N'oublie pas d'écrire ton nom et
ton adresse si tu veux qu'on te réponde !